Mittel- und Langstreckentraining für Senioren

W0192028

Fotos mit freundlicher Unterstützung von

Arthur Lydiard/Garth Gilmour

Mittel- und Langstreckentraining für Senioren

Meyer & Meyer Verlag

Originaltitel:
Distance Training for Masters

Die Deutsche Bibliothek – CIP-Einheitsaufnahme

Lydiard, Arthur:
Mittel- und Langstreckentraining für Senioren/Arthur Lydiard, Garth Gilmour.
– Aachen : Meyer und Meyer, 2001
ISBN 3-89124-782-6

© 2001 by Meyer & Meyer Verlag, Aachen
Olten (CH), Wien, Oxford, Québec, Lansing/ Michigan, Adelaide,
Auckland, Johannesburg, Budapest
Member of the World
Sport Publishers' Association (WSPA)
Titelfoto und Fotos: Neil's Shipper
(das Titelbild zeigt Barry Magee, der 1960 im olympischen Marathonlauf
die Bronzemedaille gewann)
Umschlaggestaltung: Birgit Engelen, Stolberg
Umschlag- und Satzbelichtung: frw, Reiner Wahlen, Aachen
Lektorat: Dr. Irmgard Jaeger, Aachen
Druck: Burg Verlag Gastinger GmbH, Stolberg
Printed in Germany
ISBN 3-89124-782-6
E-Mail: verlag@meyer-meyer-sports.com

INHALTSVERZEICHNIS

VORWORT

Ehe der Neuseeländer Arthur LYDIARD als bester Mittel- und Langstreckentrainer der Welt und Guru der internationalen Laufbewegung Anerkennung fand, galt der Marathonlauf über 42 Kilometer als Wahnidee einiger weniger Sportler, die man mit einer Mischung von Sympathie und Spott als Spinner betrachtete. Marathonläufer galten als Läufer, die auf anderen Strecken keinen Erfolg hatten, als ausgemusterte 10.000-m-Läufer, Jogger, Verrückte. Es gab so wenige Marathonläufe wie Läufer, die an ihnen teilnahmen. Die von ihnen erzielten Zeiten waren, gemessen an heutigen Standards, unbedeutend, denn es gab nur wenige ernsthafte Läufer, die ein spezielles Training absolvierten, um bessere Marathonergebnisse zu erreichen. Marathonläuferinnen gab es gar nicht.

Neuseeland kann den Anspruch erheben, das Land zu sein, in dem einer der ersten Marathonläufe organisiert wurde. Mit Sicherheit jedoch war es der südlichste Marathonlauf, denn er fand am 14. Juli 1909 im tiefen Süden der südlichsten Insel des Landes statt, kurz nach Dorando PIETRIS sensationellem Finish beim olympischen Marathonrennen 1908 in London. Das älteste Marathonrennen ist der berühmte Boston Marathon, der zum ersten Mal 1897 durchgeführt wurde. Der Sieger des zweiten Marathonrennens in Neuseeland war ein Profi und es gab Zweifel hinsichtlich der Streckenlänge, der Zeitnahme und der allgemeinen Streckenkontrolle. Die Siegerzeit beim dritten Marathonlauf, der besser kontrolliert wurde und zehn Teilnehmer hatte, betrug 2:58,23.

Die Tatsache, dass bei den Commonwealth-Spielen im Jahr 1950 in Auckland, Neuseeland, drei Neuseeländer 2:40 oder knapp darüber liefen, zeigt, wie langsam sich die Zeiten in den folgenden Jahren verbesserten. Einer dieser drei Läufer war Arthur LYDIARD, der vier Jahre später zum ersten Mal unter 2:40 lief. Er war damals 37 Jahre alt und hatte begonnen, sein System des Trainings einer Gruppe junger Läufer zu vermitteln, die immer größer wurde. Diese Läufer sollten das Rohmaterial für Neuseelands kommende Dominanz im internationalen Mittel- und Langstreckenlauf darstellen.

Das Jahr 1962 war die Geburtsstunde des Joggings in Neuseeland, eines Trainingssystems, mit dessen Hilfe man sich fit machen und fit bleiben konnte. LYDIARDS beste Läufer, angeführt von Peter SNELL, Murray HALBERG und Barry MAGEE, demonstrierten ihren Landsleuten die Kunst und die Technik des Laufens und sie machten auch deutlich, welche Belohnungen mit dem Laufen verbunden waren. Es war ein Leichtes, das Bewusstsein dafür zu wecken, dass systematisches Laufen oder Joggen das Wohlbefinden verbessern, Spaß machen und Befriedigung bereiten konnte.

Massenvolksläufe und Marathonrennen als ihre fast logische Erweiterung breiteten sich wenig später in der gesamten Welt aus. Plötzlich liefen tausende Männer und Frauen diese Strecke in Feldern, die so dicht besetzt waren, dass nur die Läufer, die von der Spitze weg liefen, die ersten Kilometer in zügigem Tempo zurücklegen konnten, bis das Feld sich auseinander gezogen und alle anderen Läufer auch Platz genug hatten, ihre Schritte länger zu ziehen.

Wichtiger ist jedoch, dass die Mehrzahl der Läufer immer schon Altersklassenläufer waren. Viele von ihnen hatten als Freizeitläufer begonnen und hatten im Laufe der Zeit ihre Fitness so weit verbessert, dass der eingeschlafene Instinkt, Wettkämpfe zu bestreiten und persönlichen Zielen nachzueifern, wieder wach geworden war. Für Menschen, die das Laufen erlernt hatten und schließlich relativ schnell laufen konnten, war es eine logische Herausforderung, einen Volkslauf oder ein Rennen über zehn Kilometer zu absolvieren, dann einen Halbmarathon und schließlich einen kompletten Marathon, um festzustellen, wie lange und schnell sie laufen konnten. Die ursprüngliche Absicht, der Gesundheit wegen regelmäßig zu laufen, führte in der ganzen Welt zu den heutigen Massenmarathonläufen.

In Auckland war ein Volkslauf entlang der östlichen Küste zunächst mit 1.200 Teilnehmern besetzt, die meisten von ihnen waren Jogger. Der Lauf wurde größer und größer und es dauerte nur zehn Jahre, bis 80.000 laufende Männer, Frauen und Kinder eine schwitzende Masse bildeten, die die Straße über eine Strecke von mehr als zwei Kilometern blockierte.

Die ersten Marathonläufer wurden hauptsächlich von denen, die nie mit ihnen Schritt gehalten hätten, als Verrückte bezeichnet. Auch die Stubenhocker von heute betrachten die Männer und Frauen aller Altersgruppen, Figuren und Fähigkeiten, die Marathonrennen mit nur zwei Absichten absolvieren – nämlich bis zum Ziel durchzustehen und, wenn möglich, eine persönliche Bestzeit aufzustellen, weil sie darin eine persönliche Befriedigung sehen – , als Verrückte. Es wird nicht anerkannt, dass alle diese Läufer und Läuferinnen im bereits fortgeschrittenen Alter einen wichtigen Beitrag zu ihrem eigenen Wohlergehen leisten, dass sie etwas für ihre Zukunft tun und auch zum leider nicht quantifizierbaren Wohlergehen ihres Heimatlandes beitragen.

Es ist eine traurige Paradoxie der modernen Zeit, dass einerseits Millionen älterer Menschen etwas tun, um fit und gesund zu bleiben, andererseits jedoch immer mehr Jugendliche, die sich vom Fernsehen und Computer, vom Fastfood und Auto verführen lassen, alles andere als fit sind und immer korpulenter werden. Jugendliche, die die Treppe nehmen, wenn ihnen ein Aufzug zur Verfügung steht, sind selten geworden. Genauso selten sind Jugendliche, die Obst essen, wenn ihnen Pommes Frites angeboten werden.

Die neuseeländische Forschung hat gezeigt, dass nur die Hälfte der 16- bis 17-Jährigen sich mehr als 30 Minuten täglich sportlich betätigt. Die ansteigenden Zahlen der Übergewichtigen entsprechen denen in Amerika, Kanada und Großbritannien. Nur 30-50% der Jugendlichen sind Mitglieder in Sportvereinen.

Die Forschung hat auch festgestellt, dass junge Menschen mit nichtsporttreibenden Eltern doppelt so häufig wie Jugendliche mit sportlichen Eltern keinen Sport treiben.

Dieses Ergebnis stellt einen weiteren zwingenden Grund für ältere Menschen dar, sportlich aktiv zu sein und nach Fitness zu streben. Ihre Aufgabe ist es, die junge Generation darauf aufmerksam zu machen, dass sie zu viel isst und zu wenig Sport treibt und dass sie damit ihre Gesundheit verschlechtert und das Risiko erhöht, früher zu sterben.

Vor der Ära LYDIARD verhielten sich die Väter und Großväter der heute älteren Generation möglicherweise genauso wie die heutigen Jugendlichen, obwohl sie nicht die Möglichkeiten hatten, sich dermaßen von körperlicher Aktivität fern zu halten, wie es aufgrund der heutigen Technologie möglich ist. Die meisten von ihnen mussten noch immer ihre Rasenmäher selbst schieben, Autos waren nicht so selbstverständlich und häufig wie jetzt, viele normale Aktivitäten verlangten körperlichen Einsatz und Neuseeland hatte eine Tradition des Lebens in freier Luft.

Heute erleben wir den Trend zum Computershopping, wir leben in einer Zeit, in der der Parkplatz die erste Priorität hat, wenn ein neuer Handels- oder Industriekomplex gebaut wird; wir arbeiten mit E-Mail, Handys und Faxgeräten, die es nicht länger notwendig machen, selbst in Geschäfte, zur Post, oder überhaupt irgendwohin zu gehen, um die früher üblichen normalen Geschäfte zu erledigen. Die Folge ist, dass der alltägliche körperliche Einsatz fast völlig verschwindet.

Jogging und seine gesundheitsfördernden, immer attraktiver werdenden Ableger – Halbmarathons, Marathons, Seniorenwettkämpfe und andere Aktivitäten gerade für Überwierzigjährige – können jedoch einen Beitrag dazu leisten, die Schlaffheit, die sich bei fehlender körperlicher Aktivität entwickelt, zu beseitigen.

Ein Nebeneffekt des Joggings, nämlich das Bewusstsein für eine gesündere Ernährung, trägt dazu bei, dass mit der Schlaffheit auch das Fett verschwindet.

Aber warum sollte man laufen? Die Antwort lautet: Weil Laufen für Anfänger am einfachsten ist, Laufen kennt keine Geschlechts- oder Altersbarrieren, es ist im Unterschied zu den meisten anderen Sportarten oder körperlichen Aktivitäten billig, man kann direkt vor der eigenen Haustür damit beginnen und es funktioniert da, wo es am nötigsten ist. Jogging trägt nämlich dazu bei, dass das Herz, die Lungen und das Kreislaufsystem gesund bleiben.

Laufen baut Arbeitsstress ab, verbessert die Schlafgewohnheiten und schärft die geistige Aktivität. Die ersten Schritte, die einen von der eigenen Haustüre wegführen, können bereits in eine bessere Welt führen.

Ihre erste Reaktion angesichts des Gedankens, mit dem Laufen zu beginnen, ist vielleicht: Das kann ich nicht; das ist nichts für mich.

Schauen Sie sich jedoch folgende Fallbeispiele an:

Bei dem einen Beispiel handelt es sich um einen jungen Mann, 27 Jahre alt, der eine vierköpfige Familie ernährt, manchmal zwei Jobs gleichzeitig nachgeht, im Winter zur Erholung Rugby spielt und im Sommer etwas schwimmt und hin und wieder auf der Bahn läuft. Er trainierte allerdings nicht viel. Wie die meisten Männer in seinem Alter glaubte er, fit zu sein, weil er überhaupt etwas machte.

Er ließ sich dazu überreden, mit einem Freund, der ein erfahrener Langstreckenläufer war, an einem Zehn-Kilometer-Lauf teilzunehmen. Sein Puls ging schnell nach oben, er japste nach Luft, seine Beine fühlten sich an wie Gummi. Er war nicht entfernt so fit, wie er geglaubt hatte.

An diesem Punkt angelangt, reagierte er jedoch nicht mehr so, wie es normalerweise zu erwarten gewesen wäre: Statt zu jammern, bis sich seine geschundenen Muskeln wieder erholt hatten und diese negative Erfahrung dann zu vergessen, dachte er darüber nach, was mit ihm los war: Wenn das mein Zustand mit 27 ist, wie wird es mir erst mit 47 ergehen? Und was kann ich daran ändern? Seine Schlussfolgerung lautete: Unregelmäßige Spurts auf dem Rugbyplatz haben nur einen geringen Effekt. Der Dauerlauf hat jedoch meinen ganzen Körper in einem entscheidenden Ausmaß beeinflusst. Geht man das Laufen also mit Bedachtsamkeit an, könnte es die allgemeine Gesundheit positiv beeinflussen. Aber warum und wie viel?

Bei diesem Mann handelte es sich um Arthur LYDIARD und was er danach mit sich selbst tat, um die Antworten auf diese Fragen zu finden, trägt Züge von Besessenheit. Vielleicht war es wirklich Besessenheit, aber die Welt hat allen Grund, dankbar für diese Besessenheit zu sein, denn sie war der Ursprung des weltbesten Systems des Mittel- und Langstreckentrainings und des internationalen Fitnesskults, der den Namen Jogging trägt.

Im Jahr 1982 schrieb der amerikanische Leichtathletiktrainer J. O. HANNA in seinem Buch *Running with Your Head* Folgendes über die Verschiebung des Trainingsschwerpunktes, die in den 50er Jahren stattgefunden hatte: „Es war Arthur LYDIARD, dem folgender Hattrick gelang. Die von ihm trainierten Läufer dominierten die Mittel- und Langstrecken in den 50er und 60er Jahren; LYDIARD hat entscheidenden Anteil daran, dass Millionen Menschen zu Joggern und Läufern wurden; LYDIARDS System hat bis heute Bestand, obwohl seine Initiativen bereits vor nahezu 30 Jahren begannen. Kein anderer Mensch kann mehr als nur einen Teil dieser drei Bereiche für sich beanspruchen."

LYDIARDS Trainingsmethoden waren absolut erfolgreich, solange er diese Methoden selbst kontrollierte oder die wenigen Personen, die völlig vertraut mit ihnen waren.

Zu viele jedoch schnitten sich ein Stück von seiner Erfolgsgeschichte ab oder trugen andererseits dazu bei, dass seine Erfolge sich reduzierten. Auch seine Trainingsmethoden wurden verändert.

„… Anfänger, Jogger, Läufer und Spitzenläufer sowie Trainer und Funktionäre wurden von seinem Enthusiasmus angesteckt und unternahmen erste Schritte, um aus seinem Wissen Nutzen zu ziehen. Aber nur wenige taten den zweiten Schritt und mit jedem weiteren Schritt nahm die Zahl ab. Und da waren jene, die versuchten, seine Methoden auf ihre Umgebung anzupassen und viele entfernten sich in ihrem Bemühen, sein System zu verbessern von ihm; einige mit vorübergehendem Erfolg, einige mit dauerndem Erfolg, aber zu viele ohne Erfolg.

Offensichtlich oder versteckt sind LYDIARDS Jogging-, Lauf- und Wettkampfmethoden auch in den heutigen Trainingsprogrammen noch enthalten. Die Grundlage seines Programms ist eine Periode zur Verbesserung der allgemeinen Ausdauer, gefolgt von mehreren Phasen der spezifischen Belastungsanpassung."

Kurz formuliert ist das, was HANNA 1982 sagte – und was auch heute noch zählt –, dass der einzige Weg zur Ausbildung des vollen Potenzials die Lydiardmethode ist.

Das zweite Fallbeispiel? Der Mann war 36 Jahre alt und wurde von LYDIARD, neben einer Gruppe von Sportlern und Funktionären, aufgefordert, eine simple Kniebeuge auszuführen. Er versuchte es. Es fiel ihm leicht. Die anderen jedoch brachen in großes Gelächter aus, als seine beiden Knie krachten wie Pistolenschüsse. Arthur sah ihn mitleidig an und sagte dann: „Trotzdem könnten selbst Sie einen Marathon laufen."

Einige Tage später absolvierte dieser Mann zum ersten Mal seit 16 Jahren einen Lauf mit LYDIARD. LYDIARD sorgte dafür, dass der Lauf fünf Kilometer lang war. Seinem Begleiter schien es, als führe die Strecke etwa zu 110% bergauf. Er bekam an neun seiner Zehen Blasen, übersäuerte sich seine gesamte Beinmuskulatur, seine Lunge schmerzte und er brauchte eine Woche, um sich zu erholen.

Nichtsdestotrotz kaufte er sich leichte Laufschuhe und ging das Problem mit dem Vorsatz an, LYDIARD zu beweisen, dass er Unrecht hatte, das heißt, er wollte beweisen, dass er keinen Marathon laufen konnte. Es waren harte und manchmal deprimierende und entmutigende Mühen neben langen Arbeitstagen, aber es begann ihm bewusst zu werden, dass er aus dem Laufen mehr Nutzen zog als aus irgendetwas anderem, was er zuvor gemacht hatte, vor allem aus seinem täglichen Konsum von 60-80 Zigaretten.

Er wagte sich sogar auf LYDIARDS berühmt-berüchtigte Waiatarua Trainingsstrecke, einen über 35 Kilometer langen Kurs mit steilen Anstiegen, der über die mit Buschwerk bewachsenen Hügel am Westrand von Auckland führte. Er schaffte die Strecke. HALBERG und SNELL liefen diese Strecke in knapp über zwei Stunden, er jedoch schleppte sich nach über drei Stunden nach Hause. Einige Tage später, nachdem sein Körper sich erholt hatte, fühlte er sich fitter denn je.

Und vier Monate, nachdem er dieses Krachen in seinen Knien verspürt hatte, lief er seinen ersten Marathon. Er bewies damit, dass LYDIARD doch Recht gehabt hatte.

Dieser Läufer war ich selbst und LYDIARD gab mir ein Rezept zur Bewältigung meiner psychischen und körperlichen Lethargie, die ein Ergebnis langer Arbeitstage war. LYDIARD versetzte mich in die Lage, andere Ziele im Leben zu genießen. Er schaffte es, dass meine Pulsfrequenz innerhalb dieser vier Monate von 78 auf 51 sank. Sie bewegt sich immer noch um 58, obwohl ich mittlerweile 73 Jahre alt bin und mich aufgrund von Knieproblemen, die mich am Jogging hindern, nur noch unregelmäßig körperlich betätige. Aber ich kann stundenlang Rad fahren und ich bin ein besserer Golfspieler als je zuvor. Dies beweist ein weiteres Prinzip LYDIARDS: dass man, wenn man erst einmal ein gewisses Maß an Fitness errungen hat, dieses Fitnessniveau mit einem viel geringeren Einsatz aufrechterhalten kann.

Dieses Buch zeigt Ihnen, wie auch Sie dies schaffen können.

Garth Gilmour
Auckland, Neuseeland, 1999

1 DER ENTSCHEIDENDE GRUND, MIT DEM LAUFEN ZU BEGINNEN

Vielleicht will nicht jeder länger leben, alle wollen jedoch fitter sein, frei von chronischen Erkrankungen, Beschwerden und Schmerzen sowie vom allgemeinen Verfall, den wir als Begleitumstand des höheren Alters akzeptieren.

Eine hohe Fitness kann selbst im höheren Lebensalter erreicht werden, ganz einfach, indem man ein kräftiges Herz entwickelt und dafür sorgt, dass man es beibehält, gesunde Lungen und ein Herzkreislaufsystem, das das Blut effizient durch ein durch Training erweitertes Gefäßsystem in alle Ecken des Körpers transportiert, um gut konditionierte Muskeln zu versorgen. Entscheidend ist die Fähigkeit eines Menschen, Sauerstoff aufzunehmen und effizient auszunutzen.

Es wurde errechnet, dass auch die Lungenkapazität von Menschen, die lebenslang eine mäßige körperliche Aktivität beibehalten, stetig abnimmt, von etwa 52 (in Milliliter Luft dividiert durch das Körpergewicht pro Minute) im Alter von 20 Jahren auf 48 mit 30 Jahren, 44 mit 40 Jahren, 39 mit 50 Jahren und 35 mit 60 Jahren. Der Rückgang ist signifikant – aber er braucht nicht mit dieser Geschwindigkeit stattzufinden. Der menschliche Körper verliert mit zunehmendem Alter unausweichlich einen Teil seiner Leistungsfähigkeit, aber es ist möglich, – und Tausende beweisen das mittlerweile – die Schnelligkeit des Rückgangs zu verzögern und sogar ins Gegenteil zu verkehren. Die Fähigkeit einiger älterer Menschen, hochklassige, weit über die Norm hinausgehende Leistungen zu bringen, ist bemerkenswert.

Die Zeiten, als aktive Sportler sich im Alter von Ende 20 oder Anfang 30 von der Bühne verabschiedeten und sich in ihre Fernsehsessel zurückzogen, sind längst vorbei. Heute wechseln Sportler in vielen Sportarten im Alter von 25, 40 oder 50 Jahren, was von den Intensitätsanforderungen der betreffenden Sportart abhängt, in einen völlig anderen Bereich der Wettkampfaktivität über – in die Senioren- oder so genannte „Masterklasse". Im Golf z.B. treten Profispieler mit 50 Jahren als Master in einen Bereich ein, in dem sie zwar kürzere Kurse und weniger Runden spielen, in dem sie jedoch genauso viel, wenn nicht sogar mehr verdienen können als in den offenen Feldern. Alles, was sie tun müssen, ist, eine Grundlagenfitness aufrechtzuerhalten, auf deren Basis sie ihre Spielfertigkeiten weiterhin entfalten können. Wenn ihnen dies gelingt, können sie weitere 15 oder 20 Jahre mit Golf ihren Lebensunterhalt verdienen. Es gibt Golfer, die zugeben, dass sie sich darauf freuen, in die Masterklasse zu wechseln, weil sie dann die Gelegenheit haben, mehr Geld zu verdienen und ihren Lebensstandard zu verbessern.

Seniorenleichtathleten der obersten Leistungsklasse können heute ihre internationale Karriere selbst im Alter von 80 Jahren oder in noch höherem Alter fortsetzen. Sie stellen zwar keine Bedrohung mehr für junge Olympiahoffnungen dar, können jedoch in ihrer eigenen Altersklasse Weltrekorde aufstellen und internationale Titel gewinnen, die noch vor wenigen Jahrzehnten gar nicht existierten.

Sie sprinten, laufen lange Strecken, betreiben Hürdenlauf, werfen den Speer und Diskus, stoßen die Kugel und sie springen mit dem Stab auf gleicher Ebene wie ihre Altersgenossen weltweit. Sie schwimmen, fahren Rad, nehmen an Triathlons und Duathlons teil und das von ihnen demonstrierte Fähigkeitsniveau ist oft erstaunlich hoch. Das Alter scheint ihnen nicht viel zu schaffen zu machen.

Dieses Buch erklärt, wie auch Sie sich diesen Mastersportlern anschließen können.

2 DAS BASISSYSTEM

Nahezu jeder könnte einen Marathon laufend oder abwechselnd laufend und gehend bewältigen. Die Strecke ist nicht so lang, wie es scheint. Alles, was nötig ist, ist, dass Sie über dieses Projekt sorgfältig nachdenken, ein systematisches Konditionstraining absolvieren und sich gründlich vorbereiten.

Im Rahmen meines so genannten Marathontrainingssystems laufen die Sportler kontrolliert 160 Kilometer pro Woche. Hinzu kommen weitere 160 Kilometer an regenerativem Jogging, wenn die Zeit und der Wille dazu vorhanden sind. Selbst dieses Programm kann von viel mehr Personen realisiert werden, als man glauben möchte.

Alle meine jungen Sportler der 50er, 60er und 70er Jahre benutzten dieses System, um ihre Ausdauer zu entwickeln. Gleichgültig, ob sie 800-Meter- oder Marathonläufer waren, sie trainierten nach genau derselben Konditionstrainingsmethode. Auf der Grundlage einer mit diesem Trainingssystem erreichten körperlichen Fitness, die dadurch gekennzeichnet war, dass die Sportler nahezu ermüdungsfrei laufen konnten, konnten dann die speziellen Eigenschaften, wie z.B. Schnelligkeit, Spritzigkeit, Laufstil usw. aufgebaut werden. Jogger, die sich zu Langstreckenläufern weiterentwickelten, trainierten nach denselben Prinzipien.

Mit Hilfe meines Systems, dass durch in Phasen angeordnete Trainingselemente gekennzeichnet ist, gelang es mir, ganz normale Läufer – und Murray HALBERG, Peter SNELL, Barry MAGEE und meine anderen Spitzenläufer waren zu Beginn ihrer Karriere ganz normale Läufer – gezielt auf die ersten großen Wettbewerbe, die sie gewinnen wollten, vorzubereiten, sodass sie exakt im Punkt ihrer höchsten Leistungsbereitschaft vordere Plätze belegen konnten.

Ich konnte sie dann auf dieser hohen Leistungsstufe so lange halten, wie es für den Rest der Saison noch nötig war.

Auf diese Weise war ich mit einer Gruppe von Läufern aller Strecken in der Lage, alle nationalen Titel vom 800-Meter-Lauf bis hin zum Marathonlauf anzustreben und letztendlich auch zu gewinnen. Dies schaffte ich Jahr für Jahr über einen Zeitraum von mehr als zehn Jahren, bis ich schließlich aufgrund nationaler Coachingverträge in den unterschiedlichsten Teilen der Welt, durch Seminare und Trainingslager sowie durch meine Bücher, die mittlerweile 40 Jahre lang ständig neu aufgelegt werden, meinen Coachingschwerpunkt von einzelnen neuseeländischen Sportlern auf Sportler in der ganzen Welt verlagerte.

Die Technik, die ich vor einem halben Jahrhundert entwickelt habe, funktioniert heute noch genauso gut, sofern kein Versuch unternommen wird, sie abzukürzen oder zu verändern. Heute, da ich über 80 Jahre alt bin, beschränke ich meine Traineraktivitäten darauf, dass ich meine Hilfe auf dem Postweg oder im Internet anbiete oder einigen Läufern, die mich besuchen, Ratschläge gebe. In den letzten Jahren habe ich jungen Läufern auf der High-School-Ebene zu beträchtlichen Erfolgen im Mittel- und Langstreckenlauf verholfen. Das Training dieser Jugendlichen unterscheidet sich kaum vom Training HALBERGS und SNELLS, als sie selbst noch jung waren. Einige meiner älteren Läufer laufen als Prominente noch in Altersklassenrennen mit und erzielen dabei herausragende Zeiten.

Es macht keinen Sinn, ein bewährtes System zu verändern oder damit herumzuexperimentieren, genauso wenig, wie es Sinn macht, einen Motor zu verändern, der bereits Topleistung bringt.

Wichtig ist, dass das, was Jugendliche tun, um ihre Ziele zu erreichen, sich nicht von dem unterscheidet, was Mastersportler, die eigentlich alt genug sind, um die Väter oder Mütter oder vielleicht sogar die Großväter oder Großmütter dieser Jugendlichen zu sein, tun müssen, um die Ziele zu erreichen, die sie sich selbst gesetzt haben.

Es ist auch gleichgültig, ob Sie sich erst jetzt entscheiden, mit dem Laufen oder Walking zu beginnen, oder ob Sie bereits ein erfahrener Mastersportler sind. Die Programme sind identisch, wenn erst einmal die Ausdauergrundlage gelegt wurde. Ich erwähne das Walking, weil das von mir entwickelte Fitnesslaufprogramm auch für andere Aktivitäten eingesetzt werden kann. Sie können kein effizienter Walker werden, wenn Sie sich nicht vorher durch Laufen eine Grundkondition angeeignet haben. Laufen hilft dem Golfspieler, dem Footballspieler oder dem Tennisspieler, dem Boxer oder dem Ringer, dem Ruderer oder Kajakfahrer, dem Hockey- oder Netball-Spieler, dadurch, dass mit seiner Hilfe eine Grundlage der Ermüdungswiderstandsfähigkeit gelegt wird, auf der die individuellen spielerischen Fertigkeiten und Techniken besser entwickelt und wirkungsvoller beibehalten werden können.

MAGEE demonstriert den Kniehebelauf, eine federnde Bewegung, bei der die Arme entspannt und gerade eingesetzt werden.

Eine ohne Anspannung durchgeführte Stretchingübung

3 WENN SIE BEI NULL BEGINNEN

Wenn Sie noch nie gelaufen sind, sollten Sie zunächst einmal zu Ihrem Arzt gehen. Erklären Sie ihm, was Sie zu tun beabsichtigen und wie Sie vorgehen wollen. Die meisten heutigen Ärzte erkennen die Notwendigkeit körperlicher Aktivität an und ermutigen dazu. Sie müssen sich jedoch auf unerwartete Bedingungen untersuchen lassen, die schädliche, möglicherweise sogar gefährliche Auswirkungen haben könnten. Selbst Kinder können an Herzproblemen leiden, die bei intensiverer Belastung tödlich enden können.

Wenn Sie dies erledigt und die ärztliche Erlaubnis erhalten haben, sollten Sie sich das richtige Paar Laufschuhe und die geeignete Laufkleidung anschaffen. Ich werde später noch detaillierter auf die Schuhe eingehen, denn sie sind die entscheidende Verbindung zwischen Ihnen und dem Untergrund, auf dem Sie laufen, und ein falsches Paar Schuhe kann zu kleineren, aber auch großen Problemen führen.

Der Beginn des Lauftrainings ist sehr einfach. Laufen Sie fünf Minuten lang in lockerem Tempo, wenden Sie und laufen Sie zurück. Wenn Sie für den Rückweg länger als fünf Minuten benötigen, weil Sie das Tempo nicht halten können, haben Sie Ihre aerobe Schwelle überschritten und sind in einen anaeroben Zustand gewechselt. Beim nächsten Lauf sollten Sie also darauf achten, dass Sie das Tempo reduzieren und den Lauf so beenden, wie Sie ihn begonnen haben.

Wenn Ihnen dies gelingt, laufen Sie jeweils zehn Minuten hin und zurück, dann 15 usw. Die schnellste Methode, einen plötzlichen Leistungssprung hervorzurufen, ist das Hart-Leicht-Hart-Leicht-System. Dieses System besagt, dass auf jeden längeren Lauf ein kürzerer, weniger intensiver Lauf folgen muss, um Ihrem Körper zu ermöglichen, sich an die neuen Anforderungen, denen er ausgesetzt ist, anzupassen. Sie laufen daher also an einem Tag 15 Minuten, am nächsten nur fünf Minuten, dann wieder 15 Minuten gefolgt von erneuten fünf Minuten, bis Sie das Gefühl haben, Sie seien für eine weitere Verlängerung bereit. Die Belastung muss Ihnen auf jeden Fall leicht möglich sein. Wenn Sie sich zwingen, ist es eher wahrscheinlich, dass Sie statt eines Fortschritts einen Rückschritt erleben. Wenn Sie jedoch mit einem guten Gefühl laufen, kann Ihre Entwicklung geradezu spektakulär sein.

Haben Sie Geduld. Dehnen Sie die Belastung bis 30 Minuten aus und legen Sie danach zwei Tage mit einer nur 15-minütigen Belastung ein, um Ihrem Körper ausreichend Zeit zur Erholung zu geben. Versuchen Sie dann einen Lauf von 45

Minuten und legen Sie danach wieder zwei Tage mit einer jeweils 15-minütigen Belastung ein. Wenn Sie das problemlos schaffen, laufen Sie eine Stunde und an den zwei Tagen danach wieder jeweils nur 15 Minuten, bevor Sie erneut eine Stunde laufen. Dann können Sie damit beginnen, die Belastungen an den Zwischentagen zu verlängern, indem Sie z.B. eine Stunde laufen, dann zweimal je eine halbe Stunde und dann wieder eine Stunde usw.

Wenn Sie das schaffen, können Sie den langen Lauf so lange ausdehnen, wie Sie wollen. Dies ist die effektivste Methode. Einige versuchen zunächst, jeden Tag 15 Minuten zu laufen, dann 30 Minuten pro Tag, dann 45 Minuten. Sie können durchaus so vorgehen, aber die Methode, die ich empfehle, verhilft Ihnen dreimal schneller zu der Fitness, die Sie erreichen wollen. Sie dürfen die entscheidenden Erholungstage einfach nicht vergessen.

Die ersten Jogger der Welt waren eine Gruppe von etwa 20 Geschäftsleuten aus Auckland, Neuseeland, von denen die meisten leichte Herzattacken hinter sich hatten. Sie waren zwischen 40 und über 70 Jahre alt. Die meisten von ihnen konnten zu Beginn kaum mehr als 100 Meter laufen. Nichtsdestotrotz liefen acht von ihnen innerhalb von acht Monaten einen vollen Marathon. Ein 74-Jähriger, der mehrere Herzattacken hinter sich hatte, schaffte bei seinem ersten Lauf noch nicht einmal 50 Meter. Sechs Monate später hatte er 27 Kilogramm Gewicht verloren und lief 32 Kilometer ohne Pause.

Ein Freund, der noch nie zuvor Sport getrieben hatte, begann im Alter von 47 Jahren nach meinem Programm zu trainieren. Er war ein sehr korpulenter Mann, verlor jedoch in einem Jahr 27 Kilogramm. Obwohl er danach immer noch nicht schlank war, nahm er an einem Triathlon teil, bei dem er zweieinhalb Kilometer schwimmen, 160 Kilometer Rad fahren und einen Marathonlauf absolvieren musste.

Dies sind keine ungewöhnlichen Fälle. Die Welt ist voll von Männern und Frauen, die gerade in höherem Lebensalter ein körperliches Potenzial bei sich entdeckt haben, von dem sie zuvor noch nie geträumt haben, einfach, weil sie sich dieses Potenzial mit Hilfe meiner simplen Methode systematisch antrainiert haben. Alles, was sie brauchten, war Geduld, Disziplin und den Willen, ihr Leben zu verändern und dabei Spaß zu haben.

Wenn Sie mit dem Jogging beginnen, werden Sie selbst dann Muskelkater bekommen, wenn Sie zunächst abwechselnd ein Stück gehen und ein Stück laufen, bevor Sie mit der oben beschriebenen Methode anfangen. Dies liegt an der Laktatbildung in den Muskeln, die vorher keine harte Arbeit gewohnt waren und/oder an kleinen Rissen im Muskelgewebe, das bis zu diesem Zeitpunkt aufgrund von Minderbelastung verklebt war. All dies ist nicht problematisch. Sie können sich massieren lassen, um die Schmerzen zu bekämpfen, aber Sie müssen auf jeden Fall am nächsten Tag wieder joggen oder laufen, auch wenn dieser Lauf kürzer oder langsamer sein sollte. Sie müssen Ihr Herz stimulieren, damit es Ihr Blut transportiert, Sie müssen Ihren Blutdruck erhöhen, damit die Abfallprodukte, die die Muskelbeschwerden bewirken, herausgeschwemmt werden. Ihr Herz ist der beste Masseur, den Sie finden können.

Wenn Sie mit dem Training aufhören und warten, bis der Muskelschmerz von alleine weggegangen ist, befinden Sie sich wieder genau am Anfang und Sie werden dasselbe Problem erneut haben. Auf diese Weise haben Sie also nichts gewonnen.

Sie können sich mit heißen Bädern Linderung verschaffen, aber eine herausragende und leicht einsetzbare Direkthilfe ist eine gekühlte Hose, die Sie sich unmittelbar nach der Belastung überziehen, oder das Waten im Meer oder in einem See, falls Ihnen dies möglich ist.

Es ist also im Grunde genommen ganz einfach: Fangen Sie locker an, lassen Sie sich von Muskelbeschwerden nicht abhalten und bereiten Sie sich einige Wochen vor, bis zu einem Punkt, an dem Sie einmal pro Woche in lockerem Tempo so lange laufen können, wie Sie wollen. Auf diese Weise haben Sie die Grundlagen geschaffen, ein echter Mastersportler zu werden.

Stretching- und Aufwärmübungen.
Diagonales Berühren der Fußspitzen, Vorbeuge und Beinschwünge

MAGEE demonstriert den idealen Lydiardstil: entspannter Oberkörper, Arme, die in der Tiefhalte parallel in Laufrichtung geführt werden, wodurch ein Hin- und Herschaukeln des Oberkörpers und ein Verlust an Vortriebskraft vermieden wird.

4 DIE TECHNIK DES LAUFENS

Laufen ist einfach – Sie brauchen sich nur schneller zu bewegen als bei einem Spaziergang und schon joggen Sie. Wenn Sie sich noch schneller bewegen, beginnen Sie zu laufen. Es ist jedoch wichtig, wie Sie dies machen. Ein korrekter Laufstil ermöglicht Ihnen eine schnelle Entwicklung und schützt vor Problemen, die aus einem schlechten Laufstil entstehen können.

Die Menschen laufen nicht alle gleich. Die körperliche Konstitution ist unterschiedlich, einige Menschen haben lange Beine, einige kurze, einige haben breite Hüften, andere sehr schmale usw. Auch das Körpergewicht ist natürlich von Person zu Person unterschiedlich. Alle Arten von Faktoren spielen eine Rolle.

Alle Menschen sollten jedoch versuchen, eine korrekte Technik zu entwickeln, weil es wichtig ist, die Energie für die Laufbewegung zu reservieren und jede Bewegung so effizient wie nur möglich zu gestalten. In jeder Sportart gibt es richtige und falsche Methoden, die grundlegenden Bewegungen auszuführen, und je besser es Ihnen gelingt, diese Bewegungen richtig auszuführen, desto besser wird Ihre Leistung sein.

Ruderer und Radfahrer müssen sich z.B. Gedanken über die richtige Sitzposition machen. Darüber hinaus müssen Sie Arm- und Beinabstände und -hebel in Bezug auf ihr Körpergewicht und ihre Extremitätenmaße richtig einstellen. Golfer müssen sich mit einem scheinbar komplizierten System von Kontrollen und Gleichgewichtsaspekten auseinander setzen, um den Schwung richtig hinzubekommen, aber, wie bei allen anderen Aktivitäten auch, wird die Anwendung der Technik relativ einfach, wenn Sie erst einmal die technischen Grundlagen entwickelt haben und Sie beherrschen.

Die Grundlagen des guten Laufens SIND einfach. Wenn Sie sich jedoch intensiver mit den ganzen technischen Einzelheiten befassen wollen, ist das Buch *The Mechanics of Athletics* von Geoffrey DYSON, dem ehemaligen englischen Nationaltrainer, eine empfehlenswerte Lektüre. Dieses Buch wurde vor mehr als drei Jahrzehnten veröffentlicht und hierin wird alles perfekt erklärt. Es kann sein, dass der krasse Laufanfänger sich zunächst in einem nur mäßig schnellen Schlurfschritt vorwärts bewegt, wobei er die Füße kaum vom Boden abhebt; der Experte hingegen läuft mit einem hohen Kniehub und drückt sich von einem gestreckten hinteren Bein ab. Zwischen diesen beiden Möglichkeiten liegen viele Stunden geduldigen und kontrollierten Übens.

Der Kniehub ist der Schlüssel zur richtigen Lauftechnik. Die Knie müssen so weit angehoben werden, dass der Oberschenkel sich nahezu in der Horizontalen befindet und die Füße müssen hoch nach hinten durchgezogen werden. Dies führt zu einer Verkürzung des durch das Knie erzeugten Hebels und es ist unbestreitbar, dass ein kurzer Hebel sich schneller als ein langer bewegt. Ein Fuß, der dicht am Boden durchgezogen wird, führt zu einem langsamen Schritt, während ein Fuß, der hoch über dem Boden geführt wird, einen schnelleren Schritt bewirkt.

Halten Sie das Ende eines Bleistifts und bewegen Sie ihn hin und her. Tun Sie dann das Gleiche mit einem ein Meter langen Lineal. Welcher Gegenstand lässt sich leichter schneller bewegen?

Beobachten Sie Sprinter beim Training oder beim Aufwärmen. Ein Teil ihres Trainings- oder Aufwärmprogramms ist stets ein federndes Laufen mit hohem Knieeinsatz, wobei sie die Knie mit großer Geschwindigkeit nach oben ziehen und die Fersen bis zum Gesäß nach hinten schlagen. Es ist ein interessanter Beleg für physiologische Unterschiede, dass die meisten Weißen nicht so gut wie Schwarze in der Lage sind, ihre Knie hochzuziehen und dabei die Hüften hinten zu halten und den Oberkörper nach vorne zu beugen. Weiße müssen also erst lernen, aufrecht zu laufen.

Der Oberkörper und die Arme spielen keine große Rolle beim Laufen. Sie sollten so laufen, wie Sie gehen, mit lockeren und entspannten Armen, die sich auf einer geraden Linie bewegen. Die Ellbogen beugen sich auf natürliche Weise und die Hände werden durchgezogen, sodass sie am Oberschenkel entlangstreifen. Bilden Sie keine Faust, so wie man es bei vielen Läufern sieht. Geballte Fäuste oder das Tragen von Handgewichten in der Meinung, dies sei hilfreich, sind klassische Beispiele dafür, wie man es falsch machen kann. Die Schultermuskeln verkrampfen sich und verkrampfte Schultermuskeln führen dazu, dass man mit den Schultern rollt. Rollende Schultern bewirken, dass der Läufer sein Gewicht von einer Seite auf die andere wirft, was seinem primären Ziel, nämlich mit möglichst wenig Einsatz geradeaus zu laufen, zuwiderläuft.

Lassen Sie sich von niemandem weismachen, dass eine verbesserte Oberkörperkraft oder die seltsame Übung, im Stillstand die Arme auf und ab zu bewegen, dazu beiträgt, dass Sie schneller laufen. Das einzige Ziel, dessen Verfolgung sich lohnt, ist, dafür zu sorgen, dass die Beine sich schneller bewegen. Ihre Armbewegungen passen sich auf natürliche Weise jedem Schritt- oder Tempowechsel an. Aber Sie können nicht bewirken, dass Ihre Arme das, was Ihre Beine tun, kontrollieren.

Zwei meiner besten Läufer, Murray HALBERG und Lasse VIREN, sind ein Beweis dafür, dass Oberkörperkraft für das Laufen völlig unwichtig ist. Aufgrund einer Footballverletzung war HALBERGS linke Schulter und linker Arm unbeweglich. Er drückte also seinen linken Arm in seine Seite, was sein Körpergleichgewicht und die Leichtigkeit, mit der er lief, überhaupt nicht beeinflusste. Er und VIREN hätten sich durchaus für die Weltmeisterschaften der Schwachbrüstigen qualifizieren können, aber sie konnten trotzdem alle anderen in Grund und Boden laufen.

Der Ort, an dem Sie Muskelkraft benötigen, ist der Bereich Ihrer Oberschenkelmuskeln, weil diese Muskeln Ihren Kniehub kontrollieren. Diese Kraft entwickeln Sie jedoch nicht durch den Kraftaufbau, den ein Gewichtheber oder Geräturner betreibt, sondern vielmehr durch die Methoden, die ein Balletttänzer einsetzt. Die Muskeln müssen eine federartige Elastizität aufweisen und die Sprunggelenke müssen beweglich sein, sodass Sie einen hohen Kniehub beibehalten können, das hintere Bein strecken, sich vom hinteren Fuß abdrücken und diesen Fuß peitschenartig durchziehen können, sodass der Schritt lang und schnell wird. Diese Fähigkeit werden Sie sich nicht über Nacht aneignen, vielleicht wird es Ihnen sogar nie gelingen, aber das phasenartige Programm, das ich Ihnen in diesem Buch vorstelle, wird Sie diesem Ideal näher bringen als alles andere, das Sie ausprobieren könnten.

Die Sprunggelenke spielen bei der Schnelligkeitsentwicklung eine größere Rolle, als vielen Menschen bewusst ist. Aus diesem Grund enthält mein Programm eine Phase, die speziell darauf ausgerichtet ist, die Kraft und Beweglichkeit der Sprunggelenke zu verbessern.

Damit Sie verstehen, auf was Sie abzielen, stellen Sie sich vor, wie ein Balletttänzer auf den Zehenspitzen steht. Er gibt ein Muster an Beweglichkeit und Kraft ab und scheint bei seinen Bewegungen kaum den Boden zu berühren. Der größte Sprinttrainer der USA, Bud WINTER, legte besonderen Wert auf das ‚große' Laufen. Der australische Mittel- und Langstreckentrainer Percy CERUTTI nannte es „sich aus dem eigenen Becken heraus aufrichten". Sie sollten beim Laufen das Gefühl haben, einige Zentimeter größer zu sein, als Sie wirklich sind. Es gibt viel zu viele Läufer, die dieses Gefühl oder diese Einstellung nicht kennen. Sie sitzen beim Laufen förmlich in einem Eimer, wenn Sie sich das als genaues Gegenteil des Balletttänzers vorstellen können.

Ich habe derartige ‚Eimersitzer' beim Laufen gefilmt, habe ihnen dann die Videoaufzeichnungen vorgespielt und es auf diese Weise geschafft, sie innerhalb einer Woche zum aufrechten Laufen zu bringen, mit hohem Kniehub, federnder Vorwärtsbewegung, völlig unter Kontrolle und mit großer Verwunderung, wie, um alles in der Welt, sie vorher überhaupt zurechtgekommen waren. Man braucht das

Problem nur zu verstehen und selbstbewusst anzugehen, um das richtige Laufen zu erlernen. Eine aufrechte Körperhaltung ist ein Faktor, den Sie beim Laufen dauernd kontrollieren müssen. Vielleicht stellt sich eine derartige Haltung nicht leicht ein, aber sie ist das, worauf Sie hinarbeiten müssen. Jede Verbesserung in dieser Hinsicht wird Ihnen helfen, schneller und mit mehr Freude zu laufen.

Wenn Sie beginnen, Ihre Laufmuskeln einzusetzen, müssen Sie mit Muskelkater rechnen. Dies ist eine normale Reaktion und das Gegenmittel ist nicht, mit dem Laufen aufzuhören, bis der Schmerz verschwindet, sondern mit dem Laufen fortzufahren, vielleicht in lockerem Tempo. Wenn Sie mit dem Laufen aufhören, werden Sie irgendwann den gleichen Muskelkater erneut erleben. Fahren Sie also mit dem Laufen fort und die körpereigenen Abwehrsysteme werden das Problem regeln. Der Muskelkater ist die Reaktion des Körpers auf etwas, das er nicht gewohnt ist, und vielleicht auch auf Risse in den Muskelscheiden, die aufgrund der Inaktivität verklebt sind. Weder der Muskelkater noch diese Risse sind lebensbedrohlich. Ein regelrechter Muskelriss, der allerdings unwahrscheinlich ist, solange Sie das Laufen vernünftig betreiben, ist etwas anderes. Hierauf werden wir in einem späteren Kapitel eingehen.

Denken Sie während Ihrer geduldigen Bemühungen, ein ausdauernder Läufer zu werden, stets daran, dass mit Ihrem Körper nur gute Dinge passieren. Das Herz, die Lungen, das Muskel- und das Kreislaufsystem werden revitalisiert. Vor allem entwickeln Sie neue Kapillarbetten, die die Blutversorgung Ihres Körpers verbessern.

Eine Gegenmaßnahme gegenüber der mit dem Alter einsetzenden Gelenksteifigkeit und Muskelhärte ist eine größere Konzentration auf Lockerungsgymnastik – die Sie bis zu 15 Minuten täglich betreiben sollten –, weil sie dazu beiträgt, dass die Muskeln und Sehnen vor Verletzungen geschützt sind.

Das muskuläre Gleichgewicht wird von Trainern häufig vernachlässigt. Denken Sie nur an Sportler, die aufgrund eines Risses im Bereich ihrer hinteren Oberschenkelmuskulatur eine Zwangspause einlegen müssen. Die Ursache ist normalerweise, dass der Quadrizeps im vorderen Oberschenkel gekräftigt wurde, während die hintere Oberschenkelmuskulatur nicht gekräftigt wurde. Wenn der Sportler dann sein Bein schnell durchzieht, reißt einer dieser hinteren Oberschenkelmuskeln. Abhilfe verschafft hier Rad fahren, weil es beide Muskelpartien beansprucht, sowie das Treppen- und Bergauflaufen, das Teil meines Programms ist. Gewichtheben führt zu einem Aufbau der Quadrizepsmuskeln auf Kosten der hinteren Oberschenkelmuskeln.

Triathleten haben keine großen Verletzungsprobleme, weil die unterschiedlichen Disziplinen, die sie betreiben, alle Muskelgruppen gleichmäßig entwickeln.

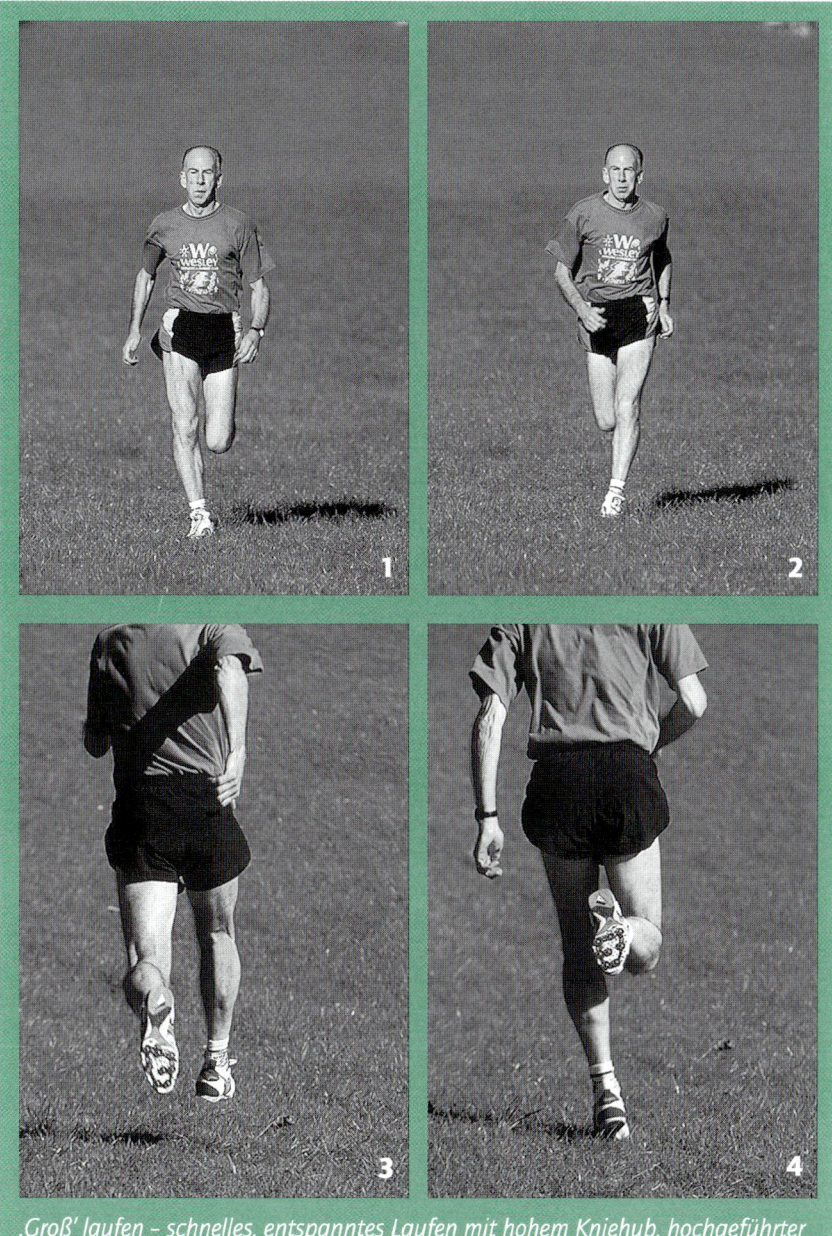

,Groß' laufen – schnelles, entspanntes Laufen mit hohem Kniehub, hochgeführter Ferse und Beinstreckung

Schnelles, entspanntes Laufen. Beachten Sie den Abdruck des hinteren Beins, den perfekten Körperwinkel und die Armbewegungen.

5 WAS IM KÖRPER GESCHIEHT

Bei meinem System geht es darum, die Aufnahme, den Transport und die Ausnutzung von Sauerstoff im menschlichen Körper effizienter zu machen und den Menschen daher in die Lage zu versetzen, bessere körperliche und mentale Leistungen zu bringen. Der Körper muss so trainiert werden, dass alle Aktivitäten, die ihm abverlangt werden, länger durchgehalten werden, der Körper somit ausdauernder wird. Dies wird erreicht, indem man den Körper einer stetig zunehmenden Belastung aussetzt, um die aerobe Kapazität in immer höhere Bereiche hinauszuschieben.

Es ist wichtig, dass in den frühen Phasen des Konditionstrainings die Belastungen rein aerober Natur sind, weil bei aeroben Belastungen der von der Lunge gelieferte Sauerstoff ökonomisch ausgenutzt wird. Anaerobe Belastungen führen hingegen zu Erschöpfung. Unter anaeroben Bedingungen werden die Muskeln zwar eine bestimmte Zeit lang kontrahieren, aber schon bald ist es nötig, dass eine angemessene Sauerstoffversorgung wiederhergestellt wird, anderenfalls hören die Muskeln auf zu arbeiten. Gleichgültig, welcher Art die Belastung ist, es ist unmöglich, sie fortzusetzen.

Dr. Laurence MOREHOUSE und Dr. Augustus MILLER haben in ihrem Buch *Physiology of Exercise* erklärt, dass aerobe Aktivitäten lange ausgeführt werden können, weil sie die aus dem Sauerstoff, der den Arbeitsmuskeln zur Verfügung gestellt wird, entnommene Energie effizient ausnutzen. Anaerobe Aktivitäten können hingegen nicht lange durchgehalten werden, weil bei ihnen die Energieausnutzung ineffizient ist.

Das Herz ist auch nur ein Muskel – allerdings der wichtigste im Körper –, dessen Aufgabe darin besteht, mit Sauerstoff angereichertes Blut von den Lungen durch die Blutgefäße zu den Muskeln und wieder zurück zu transportieren. In meinem System wird das Herz durch Training darauf vorbereitet, immer härter zu arbeiten, um immer mehr Blut mit immer höherem Sauerstoffgehalt dorthin zu transportieren, wo dieses Blut benötigt wird. Unter der Vielzahl der Muskeln im Körper ist nur eine Muskelgruppe in der Lage, lange und hart genug zu arbeiten, um das Blut, das Gefäß- und kardiorespiratorische System einer einigermaßen hohen aeroben Belastung auszusetzen, sodass das gewünschte Ergebnis erreicht wird. Diese Muskelgruppen sind die Quadrizeps, die großen Muskeln im Bereich der vorderen Oberschenkel.

Eine Analyse der vielfältigen sportlichen Aktivitäten hat ergeben, dass diese konstante Belastung am ehesten durch Skilanglauf erzeugt wird. Bei dieser Sportart werden alle Muskeln belastet, ganz besonders jedoch die Quadrizepsmuskeln. Skilanglauf ist ein Sport, den nur wenige ausüben können, aber glücklicherweise rangiert knapp dahinter an zweiter Stelle bereits das Jogging – ein Sport, den nahezu jeder ausüben kann. Rad fahren, Rudern und Walking kommen hinter dem Laufen. Laufen ist diesen Sportarten überlegen, weil ein Läufer sein Körpergewicht gegen die Schwerkraft anheben muss, hauptsächlich dadurch, dass er seine Oberschenkelmuskeln einsetzt. Radfahrer und Ruderer sitzen bei Ausübung ihrer Aktivität und bei Walkern ist der Kniehub und der Beinabdruck nicht so ausgeprägt, wie dies beim Jogging erforderlich ist. Schwimmen ist zwar auch eine empfehlenswerte sportliche Aktivität, aber die damit erzielten Trainingswirkungen sind nicht so groß, weil das Gewicht des Schwimmers vom Wasser getragen wird und die erforderliche Herzbelastung nicht so hoch wie beim Laufen ist.

Es ist unbestreitbar, dass man kein gutes Haus ohne ein solides Fundament bauen kann. Genauso wenig kann man eine gute körperliche Kondition entwickeln, ohne vorher ein solide aerobe Grundlage gelegt zu haben. Man kann viele Übungen zur Entwicklung der muskulären Effizienz und Kraft durchführen, aber der Schlüssel zur wirklichen Fitness ist die muskuläre Ausdauer.

Eine schmächtige junge Marathonläuferin wurde vor vielen Jahren einem Leistungstest unterzogen und mit zwei kräftigen Kugelstoßern verglichen. Diese massigen Männer konnten zwar schwere Gewichte über eine beträchtliche Distanz bewegen, ihr Kreislauf-, Herz- und Atmungssystem war jedoch nur mäßig ausgebildet. Die junge Marathonläuferin hingegen, die nur halb so viel wog wie die Kugelstoßer, hatte ein doppelt so großes Herzminutenvolumen und ein organisches System, das dem der Kugelstoßer um 100% überlegen war.

Insbesondere, wenn wir älter werden, müssen wir für eine ausreichende Grundspannung unserer Muskeln sorgen, damit wir eine hohe Muskelkraft beibehalten. Wichtiger ist jedoch die Verbesserung unseres Herzkreislaufsystems. Wenn man den Blutfluss vom Herzen zu den Lungen und zurück verbessert, assimiliert man einen viel größeren Prozentsatz des eingeatmeten Sauerstoffs, und wenn man zusätzlichen Sauerstoff in den Körper aufnimmt, kann man sein Kreislaufsystem verbessern.

Aus Tests weiß man, dass Walker, Langstreckenläufer, Radfahrer und andere Sportler in höherem Lebensalter über ein gut definiertes und effizientes Herzkreislaufsystem verfügen, das viele Male besser entwickelt ist, als das von Personen, die keinen Sport treiben.

Im Folgenden wird das Ganze etwas detaillierter dargestellt: Die chemische Substanz, die uns als Energiequelle dient, ist Adenosintriphosphat (ATP). Das in den Arbeitsmuskeln gespeicherte ATP reicht nur für wenige Sekunden Arbeit aus, aber die Muskeln enthalten auch Kreatinphosphat, das dazu dient, ATP wieder neu aufzubauen, allerdings nur für 15-20 Sekunden intensiver Belastung. Hier wird das feine Gleichgewicht zwischen aeroben und anaeroben Belastungen wichtig. Ein Marathonläufer, der sich mit mäßiger Intensität belastet, nimmt genug Sauerstoff auf, um Fette und Glykogen ökonomisch zu verbrennen. Dadurch wird das ATP so schnell aufgebaut, wie es verbraucht wird. Ein trainierter Läufer, der aerob arbeitet, kann daher mehrere Stunden hintereinander und im Falle von Ultralangstreckenläufern sogar mehrere Tage hintereinander in gleichmäßigem Tempo laufen.

Wenn der Läufer jedoch sprintet oder in den anaeroben Belastungsbereich wechselt, wird der Sauerstoff nicht mehr schnell genug für den Fett- und Glykogenabbau absorbiert. Als Konsequenz schummelt der Körper und leistet die Arbeit ohne Sauerstoff. Der Unterschied besteht allerdings darin, dass der aerobe Stoffwechsel harmlose Abfallstoffe produziert, Wasser und Kohlendioxid, während der anaerobe Stoffwechsel zur Bildung von Milchsäure führt, die die Muskeln zunehmend belastet und an ihrer Funktion hindert.

Bei aerober Belastung bildet ein Molekül Glykogen 38 Moleküle ATP; anaerobe Aktivitäten ergeben nur zwei Moleküle ATP. Das ist der entscheidende Unterschied zwischen den beiden Arten des Stoffwechsels und der ausschlaggebende Grund dafür, dass man lernen sollte, aerob zu laufen. MOREHOUSE/MILLER haben errechnet, dass die Effektivität anstrengender anaerober Aktivitäten nur 40% der Effektivität aerober Aktivitäten beträgt.

Ein trainierter Läufer kann kurze anaerobe Belastungseinschübe durchaus verkraften, wie z.B. einen kurzen Anstieg oder einen Antritt, um einen Gegner abzuschütteln. Auch beim Start ist die Energiebereitstellung kurzfristig anaerob, bis der aerobe Stoffwechsel das Signal erhält, reagiert und die Belastung übernimmt. Denken Sie stets hieran und hüten Sie sich, in Rennen oder im Training zu schnell zu starten oder das Aufwärmen zu vernachlässigen.

Spitzenlangstreckenläufer legen große Distanzen mit hoher Geschwindigkeit zurück, weil ihre Muskeln das Fett abbauen, aus den Fettzellen freisetzen und als Brennstoff verbrennen. Wenn Fett zum Hauptbrennstoff wird, das heißt, wenn die Muskeln hauptsächlich Fett verstoffwechseln, ist der Sauerstoffbedarf höher als bei der Verbrennung von Glykogen. Folglich muss der Läufer entweder mehr Sauerstoff aufnehmen oder sein Tempo verlangsamen. Fett ist daher für die meisten Menschen nicht der bevorzugte Brennstoff für schnelle Läufe. Es ist also erforderlich, ein System zu entwickeln, das die Notwendigkeit, auf Fett zurückgreifen zu müssen, hinausschiebt. Ein trainierter Marathonläufer verbrennt Fett allerdings sehr effizient und schont seine Glykogenvorräte, auf die er dann bei einem schnellen Finish auf den letzten Kilometern des Rennens zurückgreifen kann. In Rennen unter zehn Kilometern verbrennen Läufer fast ausschließlich Glykogen.

Unabhängig davon, wie tief Sie einatmen, ist der Sauerstoffverbrauch Ihrer Muskeln abhängig von Ihrer maximalen aeroben Kapazität, der so genannten VO_2. Es handelt sich hierbei um eine komplizierte Berechnung auf Basis der Sauerstoffmenge, die Sie in einer Minute verbrauchen können, dividiert durch Ihre fettfreie Körpermasse. Wenn alle anderen Faktoren gleich bleiben, kann ein großer Sportler also mehr Sauerstoff verbrauchen als ein kleiner. Die VO_2 schwankt erheblich. Ein normal aktiver Mann in seinen 20er Jahren kann zwischen 44 und 47 Milliliter Sauerstoff pro Minute für jedes fettfreie Kilo seines Gewichts aufnehmen; Spitzenlangstreckenläufer erreichen mehr als 70 ml/kg/min; Frauen erreichen aufgrund ihrer geringeren Muskelmasse im Allgemeinen niedrigere Werte als Männer. Dieser Leistungsunterschied wird jedoch immer geringer, da immer mehr Frauen Trainingspläne absolvieren, die genauso hart wie die der Männer sind.

Der Marathonlauf ist ein guter Indikator dieser Variation. Spitzenläufer laufen mit ihrer hohen VO_2 in einem Tempo von drei Minuten pro Kilometer aerob. Im hinteren Teil des Feldes finden sich Läufer, die noch nicht einmal einen Kilometer in diesem Tempo laufen könnten, ohne total zu übersäuern.

Ein anderer leistungsbestimmender Faktor bei der sportlichen Leistung ist das Verhältnis der weißen (schnell zuckenden) und roten (langsam zuckenden) Muskelfasern in Ihrem Körper. Dieses Verhältnis kann nicht geändert werden, obwohl die Effizienz beider Faserarten durch Training verbessert werden kann. Es folgt daraus, dass eine Person mit einem höheren Prozentsatz weißer Fasern eine größere Schnelligkeit entwickeln kann als eine Person mit einem geringeren Prozentsatz weißer Fasern. Es handelt sich hierbei um den Unterschied zwischen einem Sprinter und einem Langstreckenläufer. Die langsam zuckenden Fasern eignen sich am besten für den aeroben Stoffwechsel, während die leistungsstarken, schnell zuckenden Muskelfasern für den anaeroben Stoffwechsel am besten geeignet sind.

Das Zwerchfell und die Streckmuskeln, die für die Haltung des Körpers verantwortlich sind, bestehen hauptsächlich aus weißen, langsam zuckenden Muskelfasern, während zu den Muskeln, in denen die weißen Fasern dominieren, die meisten Beugemuskeln gehören. Sie sind auf Schnelligkeitsbelastungen spezialisiert und ermüden schneller.

Das wesentliche Ziel besteht also darin, die Sauerstoffaufnahme zu entwickeln, um die Körpermaschinerie effizienter zu machen mit dem hoffentlichen Endresultat, den Alterungsprozess hinauszuzögern. Sicher ist, dass man durch ein entsprechendes Training die muskuläre und mentale Ausdauer verbessert. Wenn man nicht körperlich ermüdet, ermüdet man auch mental nicht. Ich habe bereits bewiesen, dass High-School-Schüler und -Schülerinnen, die sich sportlich verbesserten, auch bessere Schulleistungen brachten. Sie waren imstande, länger und effektiver zu lernen und zeigten dabei eine geringere mentale Müdigkeit. Es gab eine deutliche Korrelation, das heißt, einige nationale Meister im Sport gewannen auch die höchsten akademischen Preise in ihren Schulen. In Finnland wurde ich öffentlich kritisiert, weil ich Trainingsprogramme für High-School-Schüler entwickelte, die als zu hart angesehen wurden und von denen man annahm, sie würden die Schüler am Lernen hindern. Drei dieser Jungen gewannen die finnischen High-School-Meisterschaften und einer wurde der Kapitän seiner Schule.

Der erfolgreiche Sportler und der brillante Akademiker können ein und dieselbe Person sein. Die gleichen Ergebnisse wurden mit Männern im mittleren und höheren Lebensalter erreicht, die mit dem fitnessbetonten Jogging begonnen hatten. Sie stellten fest, dass sie imstande waren, länger, härter und effizienter zu arbeiten, ohne mental zu ermüden.

Bergauflaufübung – eine federnde Aktion mit hohem Kniehub, guter Bein-streckung und langsamer Vorwärtsbewegung, um die Oberschenkelmuskeln zu kräftigen.

Eine weitere Ansicht von MAGEES entspannter und schneller Lauftechnik. LYDIARD beschrieb ihn als „Balletttänzer der Straße", mit leichten, fließenden und völlig entspannten Bewegungen.

6 WIE MAN MIT DEM TRAINING BEGINNT

Für absolute Laufanfänger habe ich zwei Ratschläge. Erstens: Besprechen Sie Ihre Absichten mit Ihrem Arzt und bitten Sie ihn, zu überprüfen, ob keine medizinischen Bedingungen vorliegen, die zu Problemen führen könnten. Zweitens:

Trainieren Sie, ohne sich zu überlasten!

Jahrzehntelang haben die Amerikaner auf der Grundlage des gegenteiligen Prinzips trainiert, das besagt, dass Erfolge nur erreichbar sind, **wenn man Schmerzen erleidet**. Sie ignorierten dabei die Tatsache, dass mein System des Konditions- und Ausdauertrainings, dass Schmerzen bewusst vermeidet, überall dort zum dominierenden System geworden ist, wo man erfolgreiche Sportler findet. Die störende Tatsache ist, dass es den Vereinigten Staaten, einem Land mit einer riesigen Bevölkerung, das theoretisch besser als andere Länder in der Lage sein sollte, sehr viele Talente hervorzubringen, noch nie gelungen ist, zu einer bedeutenden Macht des Mittel- und Langstreckenlaufs zu werden.

Als Nächstes müssen Sie Ihre Ausrüstung zusammenstellen. Was die Kleidung anbetrifft, ist diese Ausrüstung minimal – leichte, locker sitzende und bequeme Shorts und Trikots für das Laufen im Sommer und wärmere Kleidung für die kälteren Monate und gute Schuhe. Die Schuhe sind Ihre teuerste und wichtigste Anschaffung und wenn Sie sich nicht die richtigen kaufen, werden Sie sie auch in körperlicher Hinsicht teuer zu stehen kommen. Ich schlage vor, dass Sie sich das Kapitel über Schuhe in diesem Buch durchlesen, ehe Sie in den nächsten Sportschuhladen gehen. Es kann durchaus sein, dass das Personal des Ladens nett und hilfreich ist, aber ihre Aufgabe besteht darin, so viele Schuhe wie möglich zum besten Preis zu verkaufen, den sie kriegen können. Es kann sein, dass sie Ihnen sagen, dass die teuersten Schuhe die besten sind, was jedoch häufig überhaupt nicht stimmt; viele der sehr teuren Markenschuhe sehen gut aus und scheinen, genauso wie Autos der Spitzenklasse, alle Extras für Spitzenleistungen zu haben, aber sie bereiten Ihnen nur Probleme.

Lesen Sie auch die Abschnitte über Fußpflege und Verletzungsprophylaxe und ebenfalls die über die richtige Lauftechnik, um das Beste aus Ihrem Training mit den geringsten Kosten und dem geringsten Einsatz herauszuholen.

Ihr erster Lauf ist entscheidend, denn er gibt Ihnen einen Hinweis darauf, wie fit oder unfit Sie sind. Sie müssen ihn daher sorgfältig und vernünftig angehen. Dieser Lauf ist weder ein Sprint noch ein Tempolauf. Da es entscheidend ist, dass

Sie sich bei Ihrem ersten Training nicht überlasten, wiederhole ich noch einmal die Methode: Laufen Sie fünf Minuten lang in eine Richtung, wenden Sie dann und laufen Sie zurück. Versuchen Sie, dabei ein gleichmäßiges Tempo beizubehalten, ganz egal, wie langsam es ist. Wenn Sie für den Rückweg länger brauchen, haben Sie Ihre erste Lektion gelernt – Sie sind zu schnell angelaufen. Dadurch lernen Sie Ihre Fähigkeiten kennen. Das nächste Mal müssen Sie langsamer angehen, sodass Sie den Rückweg in derselben Zeit schaffen wie den Hinweg. Wenn Sie anderen Läufern begegnen, ignorieren Sie sie. Schließen Sie sich keinen Gruppen an, die Sie dazu zwingen, aus falsch verstandenem Stolz schneller zu laufen, als Sie in Ihrem jetzigen Zustand können.

Sie können wahrscheinlich viele ältere Läufer finden, die Sie über jede Strecke totlaufen können. Beachten Sie diese Läufer nicht. Seien Sie stattdessen geduldig, nehmen Sie sich die Zeit, die ich Ihnen für die Entwicklung der Ausdauergrundlage empfehle, und es ist möglich, dass Sie diese Läufer in nicht allzu ferner Zukunft überholen werden, es sei denn, diese Läufer trainieren nach den gleichen Richtlinien wie Sie selbst.

Wenn Sie fünf Minuten hin und fünf Minuten zurück locker laufen können, sollten Sie beginnen, die Zeit zu verlängern. Wenn Sie jeden längeren Lauf auch locker bewältigen können, verlängern Sie die Zeit immer mehr. Dabei sollten Sie stets die Lang-Kurz-Lang-Kurz-, Hart-Leicht-Hart-Leicht-Regel beachten, um Ihrem Körper zwischen den längeren Läufen Erholungszeit zu gönnen. Ihr Körper braucht diese Zeit.

Mit zunehmendem Alter werden die Menschen unbeweglicher und damit langsamer. Es ist wichtig, dass man hierauf achtet und Übungen sowie Laufdrills durchführt, um diesem Trend entgegenzuwirken. Es handelt sich dabei um eine Kombination aus regelmäßigen Stretchingübungen und lockerem Laufen. Bei den Stretchingübungen sollten Sie allerdings Ihre persönlichen Grenzen berücksichtigen. Nur weil Sie jemanden in Ihrem Alter kennen, der bei gestreckten Beinen noch seine Fußspitzen berühren kann, sollten Sie nicht versuchen, dies nachzumachen. Wir alle haben unterschiedliche Grade der Beweglichkeit. Murray HALBERG war z.B. ein brillanter Mittelstreckenläufer und hatte eine enorme Fitness. Er war jedoch nie imstande, seine Fußspitzen bei gestreckten Beinen zu berühren. Auch Bill BAILLIE, der Olympiateilnehmer und Allroundläufer, der neuseeländische Meistertitel über Strecken zwischen 800 Meter und dem Marathonlauf holte und der heute ein Weltklasse-Seniorentriathlet und Ironman ist, hat dies nie geschafft. Wenn Sie sich bei dem Bemühen, Ihre Beweglichkeit zu verbessern, überanstrengen, riskieren Sie, dass die Sehnenansätze an den Knochen abreißen. Nur ein wenig Beweglichkeit mehr ist besser, als zu versuchen, die verlorene Elastizität Ihrer Jugendzeit wiederzugewinnen und sich dabei Schaden zuzufügen. Wenn Sie Ihre Ausdauergrundlage gelegt haben – das heißt, wenn Sie in der Lage sind, eine Stunde, zwei Stunden oder noch länger locker und aerob in Ihrem aktuellen Tempo zu laufen – sollten Sie mindestens einmal pro Woche auf die Bahn gehen und so schnell und entspannt wie möglich auf der Geraden 100-Meter-Läufe absolvieren. Dabei sollten Sie darauf achten, dass Sie mit dem Wind laufen und nur an eines denken: beim Laufen ‚groß' zu bleiben und locker zu laufen. Joggen Sie nach jedem dieser Läufe um die Kurve, bis Sie 50 Meter vom Beginn der nächsten Gerade entfernt sind, beschleunigen Sie dann allmählich und laufen Sie die nächsten schnellen 100 Meter. Wiederholen Sie dies, je nach Gefühl, bis zu zehn Mal und laufen Sie sich dann eine halbe Stunde locker aus. Sie können mir glauben, dass sich Ihre Schnelligkeit nach einiger Zeit erheblich verbessern wird. Masterläufer, die diese Technik richtig anwenden, sind zu großen Tempoläufern geworden.

Wenn Sie planen, ein wettkampforientierter Läufer zu werden, sollten Sie die in diesem Buch vorgestellten streckenspezifischen Pläne erst dann befolgen, wenn Sie die notwendige Grundlagenausdauer gelegt haben, die das erstrangige Ziel aller meiner Athleten war. Gleichgültig, ob sie 800-Meter- oder Marathonläufer waren, sie haben alle die gleiche Grundlage gelegt, indem sie mein Marathonkonditionstraining absolviert haben – eine lange Periode mit bis zu 160 Kilometern in der Woche, plus einem gleich hohen Umfang an lockerem Jogging. Dies scheint ein sehr hoher Umfang zu sein, aber viele Masterläufer waren überrascht, mit welcher Leichtigkeit sie dieses Laufniveau erreichen konnten. Sie können sich auch für einen geringeren Wochenumfang entscheiden, aber das Lang-Kurz-Lang-Kurz-Muster müssen Sie befolgen. Das Tempo sollte immer der Geduld untergeordnet sein. Die Pläne stellen bloß Richtlinien dar. Es ist nicht nötig, sie strikt zu befolgen, denn die Menschen unterscheiden sich in vielerlei Hinsicht. Trainieren Sie innerhalb des Rahmens, den die Pläne Ihnen vorgeben, Ihrem Gefühl entsprechend und Sie werden sehen, dass Sie sich verbessern.

Genauso wie Spitzenläufer müssen auch Sie regelmäßig Hügeltraining absolvieren, weil es die Schnelligkeit und die Leistung deutlich steigert. Wenig und häufig ist oft der beste Ansatz. Das Gleiche trifft auf die Sprinttrainingsphase zu: Arbeiten Sie innerhalb Ihrer persönlichen Grenzen.

Das Muster ist wichtig, weil es darauf ausgerichtet ist, das Training ausgewogen zu gestalten und Sie letztendlich für die Rennen, die Sie ausgewählt haben, in Höchstform zu bringen, gleichgültig, ob es Volksläufe, Rennen über kürzere Strecken, Halbmarathons oder Marathons sind. Da für alle Strecken die gleiche Entwicklung nötig ist, ist das Anfangstraining grundsätzlich gleich bis auf die letzten sechs bis zehn Wochen, in deren Verlauf das Training für die spezifischen Strecken, auf die Sie sich vorbereiten, koordiniert wird. Und während des gesamten Trainings muss die ständig wiederholte Erfolgsmantra stets lauten:

Trainieren, nicht überanstrengen!

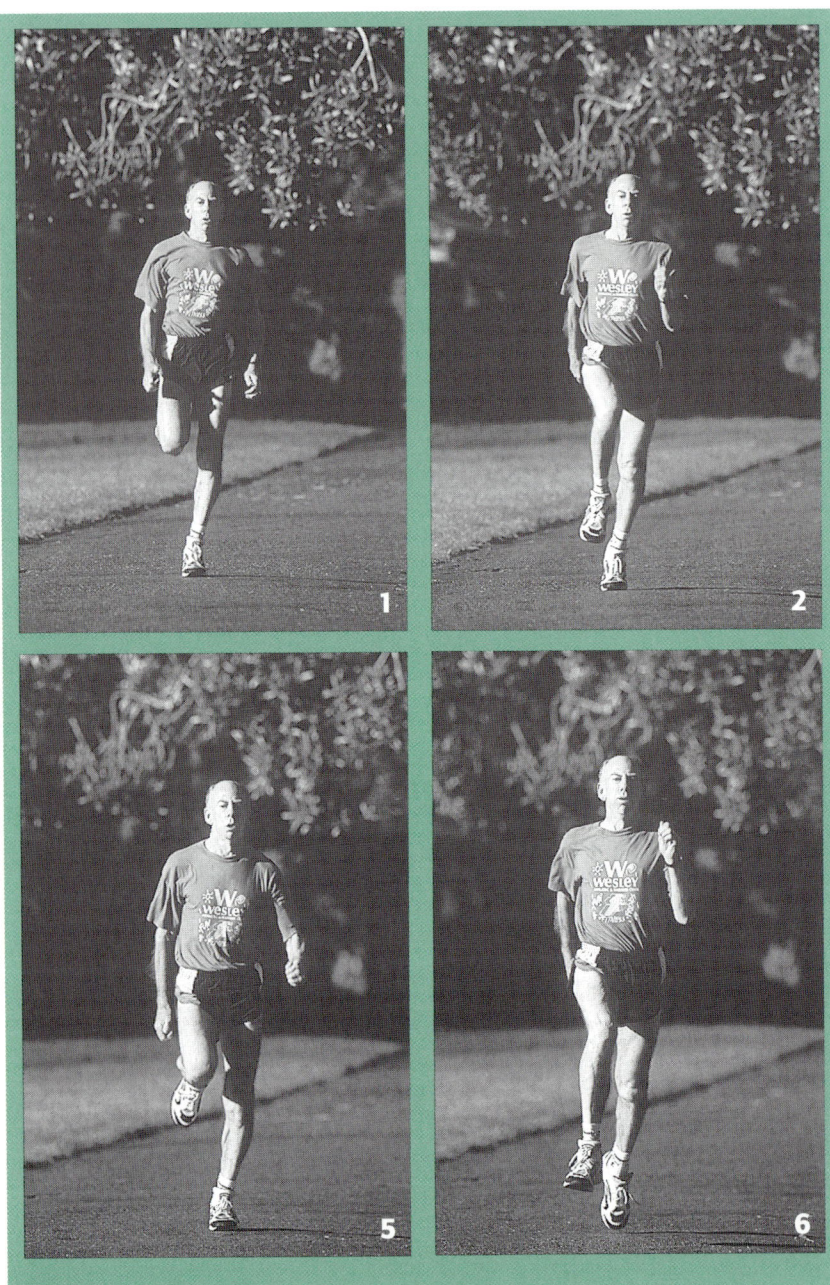

,Groß' laufen – der gesamte Bewegungsablauf

7 BRINGEN SIE IHREN PLAN NICHT DURCHEINANDER

Wenn Sie Laufanfänger sind, sollten Sie nicht versuchen, das Konditionstrainings-programm abzukürzen, bevor Sie sich Ihrem eigentlichen Plan zuwenden. Sorgen Sie dafür, dass Ihr Laufvorbereitungsprogramm so viele Monate wie nur möglich umfasst. Dieses Training sollte möglichst völlig aerob sein. Nur einmal in der Wo-che sollten Sie, wie bereits früher erwähnt, ein Sprinttraining absolvieren, um den Prozess, ein schnellerer, stärkerer und ausdauernderer Läufer zu werden, zu be-schleunigen. Benutzen Sie den Sonntag, oder einen Ihnen sonst passenden Tag, um den längsten Lauf der Woche zu absolvieren. Versuchen Sie, eine, zwei oder mehr Stunden unterwegs zu sein. Vor diesem Lauf sollten Sie einige Tage lang wirklich locker trainieren und während der restlichen Tage der Woche sollten Sie, je nach Gefühl, lange und kurze Läufe abwechselnd absolvieren. Wichtig ist, dass Sie sich zwischen den Tagen mit längeren Läufen eine Erholungszeit gönnen. Die Vorbereitungsarbeit, die Sie in dieser Phase absolvieren, wird Ihnen in den folgen-den Jahren bei allem, was Sie tun, nützliche Dienste erweisen.

Laufen Sie abwechselnd locker in hügeligem Gelände und auf flachen Strecken, variieren Sie Ihre Laufstrecken so viel wie möglich, um Langeweile zu ver-meiden. Laufen Sie in Parks oder auf Golfplätzen, wenn Sie die Möglichkeit dazu haben, und bauen Sie einige Fahrtspieltage ein. Fahrtspiel ist im wahrsten Sinne des Wortes ein Spiel mit der Schnelligkeit, d.h. Laufen aus Spaß. Sie vermischen Spurts, langsames Jogging, lockeres Laufen, Bergan- und Bergabpassagen, wie es Ihrem Gefühl entspricht.

Beispielwochenplan für Anfänger:

Montag:	0,5	Stunde Jogging
Dienstag:	0,5	Stunde Fahrtspiel
Mittwoch:	0,5	Stunde Jogging
Donnerstag:	0,5	Stunde Fahrtspiel
Freitag:	0,5	Stunde Jogging
Samstag:	Eine	Stunde Jogging
Sonntag:	0,5	Stunde Jogging

Bei langen Läufen ist es das Tempo, das Sie bremst, nicht die Laufdauer. Sie kön-nen zwar zu schnell laufen, aber so langsam, dass Sie keinen Nutzen daraus zie-hen, können Sie gar nicht laufen.

Nach möglichst vielen Monaten mit aerobem Lauftraining in gleichmäßigem Tempo zur Verbesserung Ihrer Kondition sollten Sie dazu übergehen, in Ihr Training eine höhere Widerstandskomponente einzubauen und das Tempo Ihrer Läufe zu steigern. Dies bedeutet, dass Sie ein leichtes anaerobes Hügeltraining absolvieren, bei dem Sie sowohl bergan als auch bergab laufen. Sie absolvieren dabei drei unterschiedliche Trainingsübungen – Sprungläufe, Sprünge und Laufen – in Form eines koordinierten Programms sowie Hügelläufe auf Zeit. Das Ziel besteht darin, dass Sie Ihr Körpergewicht gegen die Schwerkraft einsetzen, um kräftigere, sprungfederartige Muskeln zu entwickeln. Schnelle Läufe **bergab** mit langem Schritt dienen der Entwicklung Ihrer Schnelligkeit. Streuen Sie auf flachen Streckenabschnitten einige Windsprints ein, um Ihre anaerobe Kapazität zu entwickeln.

Diese Phase dauert etwa vier Wochen, um Sie auf die eigentliche anaerobe Trainingsphase vorzubereiten, die einige härtere Trainingsbelastungen beinhaltet. Diese harte anaerobe Trainingsperiode dauert ebenfalls vier Wochen und bewirkt, dass Ihre anaerobe Kapazität nahezu maximal entwickelt wird. Sie umfasst drei Tage pro Woche mit höheren Belastungen, an denen Sie jede beliebige Art von anaerobem Training absolvieren können. Sie können Tempodauerläufe zwischen fünf und zehn Kilometern Länge absolvieren oder harte Wiederholungsläufe von jeder Länge, die Ihrem Gefühl entspricht. Sie können auch, wenn Sie die Möglichkeiten dazu haben, mit hohem Tempo über Waldwege oder in welligem Gelände laufen.

Die Wiederholungsläufe können Sie absolvieren, wo Sie wollen. Sie brauchen keine Bahn und Sie brauchen die zurückgelegte Distanz auch nicht zu messen oder die Wiederholungsläufe zu zählen. Um jedoch die besten Effekte zu erzielen, sollten diese Läufe mindestens 600 Meter lang sein und Sie sollten diese Läufe so lange ausüben, bis Ihnen Ihr Körper signalisiert, dass er genug hat. Machen Sie also Schluss, wenn Ihr Körper Schluss macht.

Dies ist meine Alternative zum Intervalltraining, das nicht nur nutzlos, sondern sogar schädlich ist, weil niemand genau wissen kann, wie jeder Einzelne die für ihn richtigen Zeiten, Streckenlängen oder Wiederholungszahlen bestimmen soll. Die Stoppuhr ist beim Intervalltraining Ihr Feind. In Verbindung mit den Wiederholungsläufen müssen Sie Ihre Beinschnelligkeit durch typisches Sprinttraining oder spezielle Übungen zur Verbesserung der Beinschnelligkeit trainieren.

Absolvieren Sie dann in den letzten sechs Wochen Koordinationsarbeit, die Ihren Körper an die Schnelligkeit und an die Strecken, die Sie im Wettkampf laufen wollen, gewöhnt. Sie verzichten jetzt auf die langen Wiederholungen zugunsten kürzerer Wiederholungen, fügen Windsprints hinzu, um Ihren gesamten Körper und seine Reaktionen spritziger zu machen. Es handelt sich um kurze, scharfe, technikorientierte Läufe, die es Ihnen ermöglichen, Ihre anaerobe Kapazität auf dem Niveau zu halten, dass Sie bereits in früheren Phasen erreicht haben. All dies wird mit lockerem Fahrtspiel gemischt. Darüber hinaus sollten Sie auch Aufbaurennen absolvieren – sowohl auf Überdistanz- als auch Unterdistanzstrecken – einmal pro Woche zusammen mit einem weiteren Rennen, das sich an Ihren Reaktionen während des vorangegangenen Rennens und an Ihrer jeweiligen Stimmung orientiert.

Es ist wichtig, dass Sie auch in diesen Phasen so ausgewogen trainieren, dass auf jeden harten Trainingstag ein Erholungstag folgt, und dass Sie auch Trainingseinheiten absolvieren, in denen Sie schnelle, aber trotzdem entspannte Läufe mit langem Schritt durchführen. Einmal in der Woche benötigen Sie einen Dauerlauf von 60-90 Minuten Länge in gleichmäßigem Tempo. All das mag Ihnen hart vorkommen, wenn Sie sich jedoch richtig vorbereitet haben, werden die unterschiedlichen Trainingseinheiten von dieser Basiskondition profitieren und Sie werden Ihre Schnelligkeit noch besser ausbilden. Diese Abschlussphase sollte eigentlich noch mehr Spaß machen, weil die Arbeit vergleichsweise leicht ist, die anaeroben Trainingseinheiten sind kurz und spritzig, und die längeren Läufe sind weder zu schnell noch zu lang.

Merken Sie sich:
Sie trainieren, um Wettkämpfe zu bestreiten –
nicht um weiter hart trainieren zu können!

Wenn Sie in dieser Phase beginnen, an Wettkämpfen teilzunehmen, muss der Schwerpunkt erneut verschoben werden. Das Training ist jetzt vorbei und Ihr Ziel sollte nun darin bestehen, frisch und spritzig für die Rennen zu bleiben, an denen Sie teilnehmen wollen. Sie können sich von einem harten Rennen erholen, indem Sie am folgenden Tag joggen und am Tag danach einige entspannte Läufe mit langem Schritt machen. Wenn Sie aufgrund Ihrer Wettkampfleistung das Gefühl haben, Sie müssten etwas spritziger werden, können Sie einige Windsprints einstreuen, aber Sie müssen daran denken, Ihre Energie für die Rennen zu konservieren. Wenn Sie eine ausreichende Konditionsgrundlage gelegt haben und darauf achten, sich nach jedem Wettkampf völlig zu erholen, können Sie Ihre Form lange Zeit halten. Wenn Sie das Konditionstraining verschludert haben, ist es unwahrscheinlich, dass Sie Ihre Form halten können.

Wenn Ihr Wettkampfprogramm nur ein wichtiges Rennen enthält, wie z.B. eine Seniorenmeisterschaft, Sie ansonsten jedoch beabsichtigen, in der betreffenden Saison lediglich des sozialen Kontakts und einiger Volksläufe wegen zu laufen, mit einigen Aufgalopps über fünf oder zehn Kilometer alle zwei Wochen oder so ähnlich, können Sie Ihr Training mischen. Sie sollten dabei jedoch noch immer auf Ausgewogenheit achten und Ihre Verbesserung wirklich spüren. Zu diesem Zweck habe ich einen Plan aufgestellt, der eine Wettkampf- und eine Nichtwettkampfwoche im Wechsel enthält und der für Cross-, Straßen- oder sogar Bahnläufe geeignet ist. In der Nichtwettkampfwoche trainieren Sie härter; in der Wettkampfwoche schrauben Sie die Belastungen zurück. Die harte Woche beinhaltet härtere anaerobe, umfangsbetonte Einheiten, etwas Fahrtspiel, einige lange, aerobe Läufe, etwas Technik- oder Schnelligkeitstraining sowie einige Testläufe mit submaximalem Einsatz zur Verbesserung der Koordination. Hinzu kommt, wie immer, der längere, leichte Lauf. In der Wettkampfwoche absolvieren Sie ein paar kurze, schnelle Windsprints, ein wenig lockeres Fahrtspiel, einen Unterdistanztestlauf, einige Läufe mit langem Schritt und etwas Jogging. Der lange Dauerlauf in gleichmäßigem Tempo ist etwas kürzer.

Dies ist ein Programm für Masterläufer, die ihr Laufen genießen wollen und keine Meisterehren anstreben. Das Programm ermöglicht es ihnen, konsistent Rennen auf einem persönlich befriedigenden Niveau zu absolvieren. Es zahlt sich für sie nicht aus, jede Woche ein Zehn-Kilometer-Rennen zu absolvieren, aber sie können diese Distanz leicht jede zweite oder dritte Woche im Wettkampf laufen, vielleicht mit eingestreuten Fünf-Kilometer-Rennen.

Halbmarathonläufer können diese Distanz problemlos alle vier oder sechs Wochen laufen und es ist möglich, alle zwei Monate einen Marathonlauf zu bestreiten, vorausgesetzt, man erholt sich nach jedem Rennen vollständig. Ist dies nicht der Fall, geht die Kondition zurück. Das Verletzungsrisiko nimmt zu und die gute Form, die man sich aufgebaut hat, geht verloren. Es kann sein, dass es in diesem Falle unmöglich ist, die Form wieder aufzubauen, ohne die Phase des Grundlagenkonditionstrainings erneut zu durchlaufen.

Eine vollständige Erholung kann nicht im Eiltempo erreicht werden. Um sich zu erholen, sollte ein Marathonläufer vierzehn Tage nach dem Rennen nichts anderes tun, als ein leichtes Jogging und einige kurze Fahrtspieleinheiten zu absolvieren.

Es wurde argumentiert, dass Langstreckenläufer pro Jahr nicht mehr als zwei Marathonrennen absolvieren sollten. Dies ist jedoch Unsinn. Es trifft vielleicht auf Spitzenläufer zu, aber der durchschnittliche Masterläufer könnte leicht jede Woche 42 Kilometer im Training laufen. Solange er sich nach jedem Marathonrennen völlig erholt und der Versuchung widersteht, bereits eine Woche nach dem Rennen einen Volkslauf über fünf oder zehn Kilometer zu absolvieren, könnte er sechs Marathonrennen über das gesamte Jahr verteilt bestreiten.

Der Neuseeländer John CAMPBELL, der nach einer langen Pause wieder mit dem Laufen anfing, war eine Zeit lang der beste internationale Mastermarathonläufer. Er gewann mehrere Marathonrennen in der ganzen Welt in sehr guten Zeiten, wurde sogar noch schneller, statt Formverlust zu zeigen und machte genug Geld, um sich ein Geschäft aufzubauen. Er war mit Ende 30 neuseeländischer Meister im Crosslauf und lief seine Marathonrennen bis Mitte 40.

Er und ein weiterer herausragender neuseeländischer Marathonläufer, Jack FOSTER, demonstrierten den perfekten, entspannten Laufstil mit leichtem Fußaufsatz und hohem Kniehub. Foster war 41 Jahre alt, als er 2:12 über die Marathonstrecke lief, und im Alter von 50 Jahren verpasste er die 2:20 um knappe 24 Sekunden.

Lloyd WALKER war 41 Jahre alt und ein guter Crossläufer, als er begann, nach meinem Plan zu trainieren. Im Alter von 42 Jahren kam er unter die ersten Zehn beim berühmten Honolulu Marathon. Mit 43 Jahren erzielte er 2:16 in einem Marathon in Hamilton, Neuseeland.

Es ist ein bedeutender Faktor, dass alle diese Läufer auch gute Crossläufer waren. Die beiden Disziplinen ergänzen sich optimal, weil man durch den Crosslauf das entspannte Laufen lernen kann. Es ist entscheidend, dass man lernt, entspannt zu laufen, wenn man auf Querfeldeinstrecken läuft, die oft verschlammt sind. Man kann immer die Läufer herausfinden, die entspannt laufen, weil sie locker und aufrecht laufen. Optisch fallen sie beim Zieleinlauf auch dadurch auf, dass ihre Rückseite nicht verschmutzt ist. Die Kämpfer, die sich nach vorne beugen und deren Bein- und Knieeinsatz nicht mehr korrekt ist, schleudern Dreck hoch und sind auf ihrer Rückseite oft völlig verschlammt.

Ein großes Beispiel für eine Masterläuferin ist Priscilla WELCH. Sie begann im Alter von 35 Jahren mit dem Laufen und mit über 40 Jahren bewältigte sie den New York Marathon in 2:26, eine fantastische Zeit nicht nur für eine Frau, sondern auch für die meisten männlichen Marathonläufer.

Steven GOLDBERG aus Chicago war 37 Jahre alt, als er begann, nach meinem Marathonplan für Anfänger zu trainieren. Drei Jahre später, im Alter von 40 Jahren, wurde er bei den US-Seniorenmeisterschaften im Marathonlauf Erster vor dem bekannten Läufer Hal HIDGEN. Als ich Hal später traf, sprachen wir auch über die Niederlage, die Steve ihm zugefügt hatte. Ich erwähnte, dass ich Steve trainiert hatte. „Kein Wunder, dass ich ihn nicht kriegen konnte", sagte Hal daraufhin.

Vor kurzem erhielt ich einen Brief von einem gewissen Lindsey SCHROEDER aus Hastings, Neuseeland, der mich an eine Unterhaltung, die wir im Dezember 1988 geführt hatten, erinnerte. Das Thema dieser Unterhaltung war die Anwendung meines Systems des Konditionstrainings auf die Sportart Tauziehen gewesen. Lindsey teilte mir mit, dass er mein Konditionstrainingssystem angewandt hatte, mit der Konsequenz, dass seine Mannschaft einen bemerkenswerten Dreifacherfolg bei den neuseeländischen Meisterschaften im Tauziehen in drei Gewichtsklassen erzielt hatte – und zwar im Abstand von 30 Jahren, nämlich 1969, 1970 und 1999.

Der wichtige Punkt ist, dass Lindsey mittlerweile 62 Jahre alt ist. Seine aus sechs Sportlern bestehende Mannschaft gewann sechs nationale Titel und schlug körperlich überlegene Mannschaften, ganz einfach, weil alle Mannschaftsmitglieder eine hervorragend entwickelte Ausdauer aufwiesen. Sie sind Altersklassensportler, deren addiertes Lebensalter 217 Jahre beträgt. Dies bedeutet, dass sie neben ihrem Ausdauertraining über eine geballte Erfahrung verfügen.

„Zu den mit Hilfe Ihrer Methoden erzielten Ergebnissen kam noch hinzu, dass es uns ein großes Vergnügen bereitete, zuzusehen, wie unsere schwereren Gegner ins Schwitzen gerieten, während wir nur aufgewärmt waren", schrieb Lindsey. Ein beiliegender Zeitungsartikel wies darauf hin, dass er im Training mehr als 360 Kilogramm in einer 30 Sekunden langen Wiederholung zog.

Fast schon zufällig habe ich soeben einen Brief von einem anderen SCHROEDER erhalten, einem gewissen Arthur SCHROEDER aus Sydney in Australien, der auf der Suche nach einem Exemplar eines unserer allerersten Bücher ist, *Run for Your Life*, von dem er behauptet, dass dieses Buch zu den drei Büchern gehört, die sein Leben radikal verändert haben. Die Titel der beiden anderen Bücher lauten *Use Your Head* von Tony BUZAN und *The Memory Book* von LUCAS und LORRAYNE.

„Ich habe *Run for Your Life* vor ungefähr 30 Jahren gekauft, als ich 40 Jahre alt war, und habe sogleich mit dem Joggen angefangen," schreibt Arthur. „Ich bin die nächsten 25 Jahre gejoggt – jeden Tag fünf Kilometer – und es ist das Beste, was ich je getan habe."

Eine perfekte Darstellung der korrekten niedrigen und entspannten Armbewegung

8 SEIEN SIE GUT ZU IHREN FÜSSEN

Wir neigen dazu, nicht groß über unsere Füße nachzudenken. Sie hängen da sozusagen an den Enden unserer Beine und im Allgemeinen nehmen wir kaum Notiz von ihnen. Aber die Pflege und Beachtung der Füße ist entscheidend für Läufer. Wenn Sie mit dem Laufen anfangen, werden Sie mehr als je zuvor die Rolle, die Ihre Füße spielen, zu schätzen wissen, wenn Sie feststellen, dass Ihr Körper, wenn er sich schneller bewegt, härter auf den Boden auftrifft. Sie werden auch Ihre Sprunggelenke, Knie- und Hüftgelenke bewusster wahrnehmen und das Wohlergehen dieser Gelenke hängt auch sehr davon ab, wie gut Sie auf Ihre Füße achten.

Eine nicht nur positive Begleiterscheinung des weltweiten Lauf- und Joggingbooms ist die Entstehung riesiger Unternehmen, hauptsächlich in Amerika, die darauf abzielen, Läufer mit allen Ausrüstungsgegenständen zu versorgen, die sie brauchen, und auch mit vielem, das sie nicht brauchen. Die meisten dieser Ausrüstungsgegenstände sehen sehr schick und modisch aus. Neue Designs und Konzepte folgen rasch aufeinander, weil jedes Unternehmen um Marktanteile kämpft.
Die Schuhe sind das beste Beispiel. Während es früher nur Standardturnschuhe gab, bei denen es sich im Grund eher um Strandschuhe handelte, gibt es heute ein ganzes Spektrum von Markenschuhen mit Sohlen so dick wie Hamburger, eine Mischung von allem möglichen Schnickschnack in allen Regenbogenfarben. Begleitet werden diese Schuhe mit ebenso vielfältigen Behauptungen, sie würden bessere Bodenhaftung bieten, eine bessere schockabsorbierende Dämpfung, sie hätten spezielle Einlagen zur Verhinderung von Pronation und/oder Supination und, wenn man den Behauptungen Glauben schenkt, sollen sie den Träger schneller machen.

In Wirklichkeit jedoch können moderne Toplaufschuhe einen Läufer nicht schneller machen, sondern können im Gegenteil mehr Schaden anrichten als Nutzen bringen. Ich habe schon immer die Auffassung vertreten, dass die Gefahr, dass die normale Fußfunktion gestört, wenn nicht sogar verhindert wird, zunimmt, je mehr modischen Krimskrams man zwischen die Füße und die Laufoberfläche packt.

Vor etwa zehn Jahren haben Steven E. ROBBINS und Gerard J. GOUW von der Human Performance Group im Mechanical Engineering Department der Concordia University in Montreal ein Unmenge von Forschungsarbeiten aus den vorangegangenen zehn Jahren untersucht, um die Aufprallkraft von Barfußläufern mit den Aufprallkräften zu vergleichen, die bei verschiedenen Sohlenkonstruktionen auftreten.

Sie fanden heraus, dass Menschen, die normalerweise Schuhe tragen, beim Barfußlaufen ein schockabsorbierendes Verhalten zeigen, das sie nicht zeigen, wenn sie Schuhe tragen. Dies stand in Einklang mit anderen Ergebnissen, dass Menschen, die normalerweise keine Schuhe tragen, keine chronischen Überlastungserscheinungen entwickeln, wenn sie laufen.

Sowohl ich selbst als auch andere haben festgestellt, dass die meisten Menschen, die barfuß laufen, keine Anzeichen von Pronation oder Supination zeigen. Diese Probleme entwickeln sich erst, wenn sie Laufschuhe tragen. Und es ist auch eine Tatsache, dass zu Zeiten von Murray HALBERG, Peter SNELL und ihren Mitläufern, Laufschuhe aus kaum etwas anderem bestanden als aus einer dünnen Sohle zwischen den Füßen und dem Untergrund – und keiner dieser Läufer litt unter Problemen im Bereich der Sprung- oder Beingelenke.

Eine der Forschungsstudien aus dem Jahr 1985, die von ROBBINS und GOUW untersucht wurden, wies darauf hin, dass „moderne Laufschuhe nackten Füßen hinsichtlich der Schockabsorption während des Laufens nicht überlegen, sondern ihnen manchmal sogar unterlegen sind". In einer anderen Untersuchung, vier Jahre später, wurde die Auffassung unterstützt, dass teurere Sportschuhe von großen Herstellern ganz besondere Risiken in sich bergen. In dieser Untersuchung wurde bei Läufern, die teurere Schuhe trugen und bei denjenigen, die angaben, eine besondere Marke zu bevorzugen, eine signifikant höhere Verletzungshäufigkeit festgestellt. Die Verletzungshäufigkeit unterschied sich im Bereich der größten Marken nicht in Abhängigkeit von der Schuhmarke.

Was die Forschungsergebnisse besagten, war, dass die übermäßige Polsterung und der Schnickschnack, der bei modernen Laufschuhen zum Einsatz kommt, falsche Vorstellungen von Schutz weckt, sodass der Körper in die Irre geführt wird und die normalen schockabsorbierenden Reaktionen, die beim Barfußlauf auftreten, nicht mehr zeigt. Gleichzeitig besteht die Gefahr, dass der Läufer mit größerer Aufprallwucht läuft, wodurch er die Schockwirkung und das Schadensrisiko noch erhöht.

Vor mehr als zwei Jahrzehnten, als der Laufboom gerade einsetzte, entdeckte eine andere interessante Forschungsarbeit in Kalifornien 241 Verletzungen bei 100 Joggern im mittleren Lebensalter, und eine ganze Spannbreite neuer Verletzungen im Bereich der Füße, Fersen, Sprunggelenke, Beine, Oberschenkel und Hüften, jede von ihnen mit ihren eigenen potenziellen Fehlfunktionen und Zusammenbrüchen, wurde klassifiziert. Es ist nicht schwierig, dies mit den Ergebnissen bezüglich moderner Laufschuhe in Zusammenhang zu bringen.

Worauf wir hinauswollen, ist, dass es, auch wenn Sie Hunderte von Mark in die neuesten Hightechlaufschuhe investieren, keine Garantie dafür gibt, dass Sie sich nicht verletzen können. Tatsächlich kann es sogar sein, dass Sie gerade wegen der hohen Geldausgabe davon ausgehen können, dass Sie sich die eine oder andere Verletzung zuziehen werden. Bei diesen Schuhen ist einzig und alleine garantiert, dass die aggressiven Schuhfirmen, die sie herstellen, auf bequeme Art reich werden.

Je weniger man die natürlichen Bewegungen der Füße beeinflusst, desto bessere Leistungen wird man bringen. Aus diesem Grunde sollte man Schuhe meiden, bei denen der vollmundig versprochene Polstereffekt nur dem Wunschdenken der Designer entspricht. Der ideale Schuhe ist hingegen sehr flexibel, hat eine Sohle, die nicht dicker ist als eine zusätzliche Hautschicht unter dem Fuß und hat ein Oberteil, das kaum erwähnenswert ist. Es ist durchaus möglich, wurde aber noch nicht bewiesen, dass die älteren Schuhe dieser Realität näher kamen als die derzeit auf dem Markt erhältlichen bunten Schuhe mit ihren Gel- oder Luftkissen und dicken Sohlen.

Einlagen sind ein weiteres Thema. Während meiner Trainingslager war ich überrascht, dass viele der Läufer, die die Lauftechnik mit mir diskutierten, Einlagen in ihren Schuhen trugen. Sie alle behaupteten, dass sie diese Einlagen brauchten, weil sie entweder pronierten oder supinierten. Ich machte Videoaufzeichnungen von ihnen, während sie ohne Schuhe liefen, und zeigte ihnen, dass sie mit bloßen Füßen weder pronierten noch supinierten. Die Einlagen waren somit für die Schuhe, nicht ihre Füße. Keiner der Fußspezialisten oder Experten, die die Einlagen empfohlen hatten - um Schuhfehler zu korrigieren -, hatte Übungen zur Kräftigung der Füße und Sprunggelenke empfohlen.

Es gibt natürlich einige Personen, die wirklich Einlagen benötigen, um eine Fehlstellung zu korrigieren, aber es sind längst nicht so viele, wie man uns weismachen will. In den meisten Fällen werden Einlagen als eine schnelle Lösung für ein Problem vorgeschlagen, das nichts mit einer Fehlstellung zu tun hat, es sei denn, es handelt sich um einen Fehler des Schuhs.

Die Kräftigungsübungen für die Füße sind einfach. Balancieren Sie mit den Fußballen auf einer Treppenstufe oder auf einem dicken Buch und wippen Sie mit den Fersen auf und ab. Legen Sie ein Seil oder einen Fahrradschlauch um den Vorderfuß und ziehen Sie das Seil oder den Schlauch allmählich nach oben. Versuchen Sie, Gegenstände mit den Zehen aufzuheben. All diese Übungen kräftigen die Fußmuskulatur und kosten gar nichts.

Mit einer kräftigen Fußmuskulatur sollten Sie beim Laufen eine volle Beugung erreichen, was Ihnen in modernen Laufschuhen nicht gelingen wird. Fast jeder Schuh, der heute hergestellt wird, ist viel zu starr im Bereich des Fußgewölbes und wird häufig durch die angeblich Wunder wirkenden Einlagen, die mit der erklärten Absicht entwickelt werden, Ihre Leistung zu verbessern, noch starrer. Sie könnten genauso gut versuchen, mit angeschnallten Skiern effizient zu laufen.

Es muss dem Fuß ermöglicht werden, sich natürlich zu beugen. Wenn sich jedoch die Sohle nicht verbiegen lässt, wie sollte sich dann der Fuß im Schuh biegen lassen?

Eine weitere irreführende, von Schuhverkäufern oft zu hörende Behauptung ist, dass zwischen der Kuppe der Großzehe und dem vorderen Rand der Schuhe eine Daumenbreite Platz sein sollte, um zu vermeiden, dass man seinen Zehennagel verliert. Es ist mir unverständlich, wie man sich vom Vorderfuß richtig abdrücken sollte, wenn die Schuhspitze lose sitzt. Sie riskieren den Verlust Ihrer Zehennägel, wenn die Schuhe, die Sie tragen, nicht elastisch genug ist. Wenn der obere Rand der Schuhe um den oberen Fuß zu locker sitzt, wird der Fuß aus dem Schuh rutschen; wenn der Fuß oben zu fest sitzt, wird die Achillessehne überlastet.

Die Schuhsohle sollte nicht kanuförmig gebogen sein. Wenn Sie Ihren Fuß in einen derartigen Schuh stecken, wird er abflachen und auf die Zehenpartie Druck ausüben – und das könnte Sie Ihre Zehennägel kosten.

Sie brauchen keine zu großen Schuhe, weil die Theorie besagt, dass Ihre Füße wegen der Wärme, die durch das Laufen erzeugt wird, anschwellen. Ihre Füße werden vielleicht in der Breite ein wenig anschwellen, aber sie werden ganz sicher nicht länger.

Einige Schuhe sind zu gerade, andere zu gebogen gefertigt. Ein normaler Fuß weist zwar eine leichte Krümmung auf, aber der Test besteht darin, ob der Schuh, wenn Sie stehen, richtig unter dem Fuß sitzt. Sie sollten keine Stabilisierungsstangen und Fußkonter benötigen, um Ihren Fuß im Schuh zu halten. Tatsache ist, dass Sie vermutlich in Gummistiefeln genauso gut laufen könnten wie in einigen dieser teuren Schuhe.

Sie würden mit bloßen Füßen sicherlich besser laufen. Das haben z.B. Zola BUDD, Abebe BIKILA und Bruce TULLOH, der die Meile unter vier Minuten lief, und viele andere Läufer bewiesen. Alle diese Läufer und Läuferinnen hatte keine Probleme mit ihrer Plantarfaszie, denn diese Probleme werden genau wie andere Probleme auch durch übermäßig starre Schuhe verursacht. TULLOH lief sogar auf der

Aschenbahn barfuß und zwar mit vollem Einsatz. Die Füße sind, wenn man ihnen ihre Freiheit lässt, widerstandsfähiger, als Sie denken.

Beim Schuhkauf muss man sehr sorgfältig vorgehen. Wenn Sie können, sollten Sie mit anderen Läufern über die Schuhe, die sie tragen, reden, über die Probleme, die sie mit verschiedenen Marken hatten, und Sie sollten sie fragen, ob sie einen Markenschuh empfehlen können, der keine Probleme verursacht. Lassen Sie sich nicht zu der Annahme verleiten, dass die teuersten Schuhe deswegen so viel kosten, weil sie die besten sind. Dies ist mit großer Sicherheit nicht der Fall.

Es ist interessant, dass Spitzenläufer, die von einer Schuhfirma gesponsert werden, um deren Modelle zu tragen, normalerweise nicht in diesen Schuhen laufen. Sie lassen sich die Schuhe speziell anfertigen, mit individuellen Leisten, die genau auf ihre Füße zugeschnitten sind. Und man kann oft feststellen, dass sie innerhalb einer Saison oder zwei Saisons für eine ganz andere Schuhmarke werben. Es geht also nicht um die Qualität der Schuhe, sondern lediglich darum, wo das Geld herkommt.

In meinen frühen Tagen als Läufer trugen wir Leinenschuhe, bei denen die Sohlen mit einer zusätzlichen Gummischicht belegt waren. Sie waren einigermaßen leicht und sehr flexibel. Wir pronierten und supinierten nicht und wir litten auch nicht an Plantarfasziitis. Das einzige Fußproblem, mit dem wir eventuell zu tun hatten, waren Hautabschürfungen durch das Leinenmaterial, aber in der Regel wurde die Haut schon bald unempfindlich dagegen.

Eine weitere falsche Behauptung der Werbung ist, dass man einen schützenden Schuh für das Training benötigt und einen leichten Schuh für Wettkämpfe. Dies ist ein weiterer Verkaufstrick. Denken Sie einmal über die folgende Tatsache nach: Wenn Sie im Rennen laufen, sind Ihre Bodenkontakte am härtesten. Sie laufen auch bergab keineswegs langsamer, sondern Sie laufen mit Sicherheit härter, als Sie es normalerweise im Training tun würden. Sie laufen also mit viel mehr Auftreffwucht, als es normalerweise der Fall ist, vor allem, wenn Sie schwer sind.

Sie sollten daher in denselben Schuhen Rennen bestreiten, in denen Sie auch trainieren und es sollte sich eher um slipperartige Schuhe handeln, als um die Schuhe, die normalerweise als Trainingsschuhe angeboten werden. Diese Schuhe sollten eine leichte, flexible Zwischensohle sowie jede Menge nachgiebiges Polstermaterial darunter haben – ganz gewöhnliches EVA ist das Beste, was man kriegen kann. Sie sollten auf jeden Fall das Gefühl haben, als sei die Beweglichkeit Ihrer Füße nicht eingeschränkt.

Wenn Sie also nach Laufschuhen suchen, sollten Sie darauf achten, dass die Schuhe leicht sind, sehr biegsam im Bereich des Fußgewölbes, sowohl nach oben als auch nach unten, dass ihr Obermaterial ohne viel Schnickschnack auskommt und dass sie möglichst keine Stabilisatoren, Konter und Einlagen haben. Probieren Sie alle Schuhe an, um herauszufinden, wie sie sitzen; Schuhe mit geradem Leisten könnten Pronation bewirken, wenn sie den Fuß im Fersenbereich zu sehr festhalten. Wenn die Leisten andererseits zu sehr gebogen sind, könnte dies zu Supination führen. Was die Größe angeht, sollten Ihre Zehen vorne dicht anliegen, Sie dürfen jedoch nicht das Gefühl haben, dass der Schuh beim Gehen auf die Zehen drückt. Wenn die Sohlen aufgrund der Einlagen und der Gummikeile zu dick sind, sollten Sie daran denken, dass der Fuß beim Laufen instabil wird.

Ziehen Sie beide Schuhe an und gehen Sie in ihnen auf und ab. Halten Sie dabei die Augen geschlossen und konzentrieren Sie sich auf eventuelle Druckstellen im Inneren der Schuhe. Der Verkäufer wird Ihnen mit Sicherheit erzählen, dass die Schuhe sich noch dehnen und der Fußform anpassen werden. Dies stimmt jedoch nicht. Wenn Sie also Druckstellen spüren, sollten Sie sich nach einem anderen Schuh umsehen.

Verkäufer sagen, dass Schuhe sorgfältig eingelaufen werden müssen. Sie sollten jedoch in der Lage sein, in einem funkelnagelneuen Paar Schuhe eine Stunde oder zwei Stunden zu laufen, ohne dass Sie Druckstellen an den Füßen bekommen oder Ihren Füßen Schaden zufügen. Einen gut gefertigten Schuh braucht man nicht einzulaufen.

Es ist wichtig, wie Sie Ihre Schuhe schnüren. Schnüren Sie die Schuhe so, dass sie, wenn sie festgezogen sind, nicht auf die Sehnen und Metatarsalknochen auf der Oberseite des Fußes drücken. Diese Einschränkung der Fußbeweglichkeit kann zu Problemen führen.

Folgendermaßen schnüren Sie Ihre Schuhe richtig: Halten Sie den Schuh mit der Schuhspitze von sich weg und zählen Sie die Ösen von der Spitze zur Ferse hin. Angenommen, der Schuh hat zwölf Ösen. Nummerieren Sie die Ösen auf der linken Seite mit den Ziffern 1, 3, 5, 7, 9 und 11 und die Ösen auf der rechten Seite mit den Ziffern 2, 4, 6, 8, 10 und 12.

Führen Sie das eine Ende des Riemens von oben nach unten durch die Öse 1 und das andere Ende durch Öse 2. Nehmen Sie das Ende in Öse Nr. 1 nach hinten und führen es von unten durch Öse Nr. 5 und dann quer über das Oberteil des Schuhs und nach unten durch Öse Nr. 6. Das durch Öse Nr. 2 geführte Schnürriemenende wird nach hinten oben durch Öse Nr. 4, dann quer nach unten durch Öse Nr. 3 gezogen. Führen Sie die beiden Riemenenden auf die gleiche Weise wieder nach hinten. So vermeiden Sie das Überkreuzen der Riemen zwischen dem Oberteil der Schuhe und der Lasche, das für die normale Methode typisch ist, und zu den möglicherweise schädigenden Druckstellen führen kann. Alle Schuhe, die Sie tragen, sollten auf diese von mir empfohlene Art geschnürt werden.

Achten Sie sorgfältig auf den Sohlenabrieb. Ein übermäßiger Abrieb kann zu Belastungen führen, die bis hinauf in die Beine und Hüftgelenke reichen und kann auch zu Knochenschädigungen führen. Abgeriebenes Gummi im Bereich der Ferse sollte regelmäßig ersetzt werden. Dies kann sogar einmal pro Monat der Fall sein, wenn Sie große Laufumfänge bewältigen.

Berganläufe, wobei man sich kräftig vom hinteren Bein abdrückt,

sind vor allem im Herbst ein wichtiges Training für die Quadrizepsmuskeln.

9 VERLETZUNGEN

Wie oben erwähnt, rühren die meisten Verletzungen von den Laufschuhen her. Wenn die Schuhe Ihr normales Fußverhalten beeinflussen, reichen die Probleme, die sie bereiten, von den Füßen selbst bis zu den Sprunggelenken, den Knien und sogar den Hüftgelenken.

Probleme können auch darin ihre Ursache haben, dass man auf von der Mitte zu beiden Seiten hin abgeschrägten Straßen läuft, wodurch die Füße zu einer Seite hin rollen, vor allem dann, wenn die Schuhe nicht fest geschnürt sind. Dies kann zu Meniskusschäden und zu Knorpelschäden in den Kniegelenken führen, eine Verletzung, die nicht sogleich offensichtlich ist, sondern zu ihrer Entwicklung einige Jahre benötigt. Es zahlt sich also aus, über derartige Risikofaktoren nachzudenken und entsprechende Vorsichtsmaßnahmen zu treffen.

Je schwerer Sie sind, desto härter landen Sie auf dem Boden und desto größer ist das Schadensrisiko. Schwere Personen sollten demnach den Rat befolgen, auf Grasboden zu laufen, bis sie etwas Gewicht verloren und die korrekte Technik erlernt haben und schneller und damit auch mit weniger Aufprallwucht laufen können.

Eine häufige Knieverletzung ist die **Chondromalazie**, die Beschwerden unmittelbar unterhalb der Kniescheibe bereitet. Die Ursache ist stets das mangelnde Dehnen des Quadrizeps vor dem eigentlichen Lauftraining. Die Quadrizeps sind kräftige Muskeln und wenn sie bei Laufbeginn noch fest sind, strecken sie sich nicht beim Beugen der Knie, was zu einer Sehnenzerrung führen kann. Diese Sehnen sind am weichen Knochenbereich unter dem Knie verankert und die Folge ist eine Überlastung.

Das Stretching ist einfach. Machen Sie entweder Kniebeugen oder stellen Sie sich neben einen Zaun oder eine Mauer, stützen sich auf ihm oder ihr ab und schwingen Sie das innere Bein von hinten nach vorne, wobei Sie Ihr Knie abwechselnd beugen und strecken. Fahren Sie mit dieser Übung für beide Beine so lange fort, bis Sie ein angenehmes und entspanntes Gefühl in den Muskeln und Sehnen des Oberschenkels empfinden.

Zerrungen im Bereich der hinteren Oberschenkelmuskulatur haben ihre Ursache häufig darin, dass die Quadrizepsmuskeln an der Oberschenkelvorderseite zu kräftig für die hinteren Oberschenkelmuskeln sind. Es handelt sich hierbei um eine Unausgewogenheit der muskulären Entwicklung, die sich durch Treppen- oder Hügelläufe, die nicht schnell sind, bei denen man jedoch die Knie hoch anhebt, korrigieren lässt. Sie sollten den Widerstand in den Muskeln, die Sie kräftigen wollen, spüren. Es handelt sich hierbei nicht um eine federnde Aktivität zur Verbesserung der Sprunggelenkkraft und -beweglichkeit, sondern um langsames, konzentrisches Laufen bergan.

Es ist unwahrscheinlich, dass Jogging oder lockeres Laufen zu einer Verletzung im Bereich der hinteren Oberschenkelmuskulatur führt. Zu einer Verletzung kann es allerdings kommen, wenn Sie sprinten – und das tut weh.

Muskelrisse sind Beschädigungen der Muskelscheide. Sie unterscheiden sich dadurch von Muskelzerrungen, dass man normalerweise die Stelle genau lokalisieren kann. Der Muskel kann sich nicht mehr kontrahieren und wenn der Riss groß ist, können die Schmerzen schlimm sein. Verwenden Sie Eispacks oder kaltes Wasser, um die innere Blutung baldmöglichst zu stoppen. Wenn Blut aus dem Bereich des eigentlichen Risses in andere Bereiche fließt, verläuft die Heilung wesentlich langsamer. Verzichten Sie mindestens vier Tage oder besser noch länger auf Massagen und vermeiden Sie auch eine Belastung des betreffenden Beins.

Zu **Verstauchungen** kann es rasch kommen, wenn Sie z.B. während des Laufens ausrutschen, auf einen Stein oder in ein Loch treten. Da es rasch zu einer Schwellung kommt, sollten Sie auch in diesem Fall so schnell wie möglich Eis einsetzen und die betroffene Stelle danach fest einbandagieren. Statt jedoch Ihr Bein zwecks Ruhigstellung hochzulegen, sollten Sie es belasten. Wir haben viele Male bewiesen, dass eine Verstauchung schneller heilt, wenn man mit der Belastung fortfährt. Bei kleineren Verstauchungen oder Sprunggelenkverrenkungen, die zu Anfang durchaus schmerzhaft sein können, kann man ohne Risiko weiterlaufen. Die Beschwerden können sich sogar verschlimmern, wenn man den Lauf unterbricht. Setzen Sie Ihren Lauf einfach fort und nach dem Training haben Sie möglicherweise den Zwischenfall schon vergessen.

Wenn es sich jedoch um eine Verletzung handelt, die Sie nicht richtig analysieren können und die keine Anzeichen von schneller Besserung zeigt, sollten Sie einen Fachmann konsultieren und dessen Rat zur Lösung des Problems befolgen.

Beobachten Sie offene **Blasen**. Dies gilt auch für Blasen, die so groß sind, dass Sie sie selbst öffnen müssen. Baden Sie die betroffenen Stellen in Desinfektionslösung und verarzten Sie sie, um zu verhindern, dass sie septisch werden. Blasen haben eine Reihe von Ursachen: ungeeignete Socken, Fußbewegungen im Schuh, die falsche Schuhgröße oder falsch bzw. zu lose geschnürte Schuhe.

Eine weitere Möglichkeit ist, dass Sie die Schuhe nicht richtig angezogen haben. Es ist wichtig, dass man beim Anziehen der Schuhe die Fersen so weit nach hinten wie möglich stößt und die Schuhe dann fest zuschnürt. Schon der geringste Abstand zwischen der Ferse und der Fersenkappe des Schuhs kann zu Reibung und zum Aufplatzen der Haut führen.

Nachdem Sie eine Weile gelaufen sind, können die Schuhe etwas eng werden, weil die Füße in der Breite angeschwollen sind. Lösen Sie dann die Schnürriemen ein wenig. Die Füße schwellen nie in der Länge an.

Verwenden Sie Olivenöl, Vaseline oder ein ähnliches Gleitmittel zur Vermeidung von **Reibestellen** in der Leiste, auf der Brust und unter den Armen, die die Haut so schädigen können, dass es zu Infektionen kommt.

Seitenstiche bekommt man meistens beim Bergablaufen. Das Zwerchfell, das in dieser Situation mehr als sonst auf- und abhüpft, dehnt die Bänder, durch die es unterhalb des Brustraums mit dem Skelett verbunden ist. Die Lösung besteht darin, dass Sie Ihre Bauchmuskeln kräftigen und gleichzeitig geschmeidig halten. Das können Sie durch Situps erreichen. Wenn Sie jedoch nicht gleichzeitig Beugeübungen nach hinten machen, werden Ihre Muskeln fest und unelastisch und bei der Ausdehnung von Herz und Lunge wird Druck auf das Zwerchfell ausgeübt.

Beugeübungen für den Rücken sind gut geeignet, um ausgewogene und geschmeidige Muskeln zu erhalten. Eine Übung besteht darin, dass Sie sich nach vorne beugen und sich mit gestreckten Armen an einer Tischkante oder einem Geländer abstützen. Die Füße stehen weit ab vom Tisch oder Geländer, während Sie sich nach vorne bewegen und Ihre Brust gegen die Tischkante oder das Geländer strecken. Halten Sie diese Beugung und wiederholen Sie die Bewegung einige Male. Ähnlich effektiv ist das im Stand ausgeführte Beugen der Wirbelsäule nach hinten, wobei Sie Ihre Hände hinter Ihren Hüften halten. Halten Sie diese Beugeposition ebenfalls einige Sekunden. Günstig sind auch Rotationsbewegungen der Hüfte.

Ausgewogene Muskeln schützen auch vor **Rückenproblemen**, unter denen Läufer leiden, die zwar Dehnübungen nach vorne machen, jedoch die inneren Muskeln neben der Wirbelsäule vernachlässigen. Diese Muskeln müssen auf andere Weise trainiert werden. Die Phase des Bergauflaufens in meinem Programm ist ein ideales Kräftigungstraining für diese Muskeln. Sie können auch Gewichte heben oder sich einfach auf simples Beugen nach hinten konzentrieren. Sie müssen diese Position etwa eine Minute lang halten, um einen wirklichen Nutzen zu erzielen. Beugeübungen nach hinten in Kombination mit Situps führen mit der Zeit zu kräftigen Rückenmuskeln.

Muskelkrämpfe werden durch Calciummangel verursacht. Für die Muskelkontraktion und die Funktion des Zentralnervensystems ist nicht viel Calcium nötig, aber wenn Sie bei Ausdauerbelastungen zu wenig Calcium für beide Funktionen haben, wird es den Knochen abgezogen, wodurch Ihre Skelettstruktur geschwächt wird. Die Krämpfe treten dann auf, wenn Muskelkontraktionen aufgrund des Calciummangels nicht mehr möglich sind.

Calcium wird am besten in Glukonatform absorbiert mit Vitamin D als Katalysator. Vor einem Marathon oder Triathlon ist Calcium besonders wichtig.

Calciummangel kann auch zu **Ermüdungsbrüchen** im Bereich der Metatarsalknochen und des Schienbeins führen, weil diese Knochen beim Laufen einem Dauerstress ausgesetzt sind. Dies ist besonders wichtig für Seniorensportler und vor allem für Frauen, da diese anfällig für Osteoporose sind. Es wird vermutet, dass Laufen in Verbindung mit einem Calciummangel Osteoporose fördert.

Ermüdungsfrakturen bereiten Schmerzen und behindern beim Laufen. Sie zeigen sich nicht sofort, also muss man zehn Tage warten, ehe man eine Röntgenaufnahme anfertigen lässt, wenn man glaubt, man hätte sich eine Ermüdungsfraktur zugezogen. Wenn sich herausstellt, dass es sich wirklich um eine Ermüdungsfraktur handelt, können Sie die Behandlung nicht selbst durchführen. Sie müssen zum Arzt oder Physiotherapeuten gehen, der Ihnen hilft, mit dieser Verletzung fertig zu werden.

Starre Schuhe, die vor allem bei steilen Bergabpassagen bewirken, dass, wenn der Läufer mit der Ferse auf dem Boden landet, der ganze Fuß nach unten klappt, können eine Ursache von **Shin Splints** sein. Hierbei handelt es sich um einen Überlastungsschaden im Bereich der festen vorderen Schienbeinmuskeln.

Die Anzeichen deuten darauf hin, dass die Membrane zwischen dem Muskel und dem Knochen reißt, was eine nervöse Reizung bewirkt. Feste Sprunggelenkmuskeln, die keine richtige Beugung des Sprunggelenks erlauben, und feste Muskeln unter der Wade könnten eine weitere Ursache dieser Verletzung sein.

Die schlechte Durchblutung im Schienbeinbereich bewirkt, dass **Shin Splints** nur langsam ausheilen. Wieder sollte man Eis einsetzen und wenn man weiterhin laufen will, sollte man auf flachem Untergrund, vorzugsweise auf Gras laufen. Sie können bergauf laufen, gehen Sie jedoch bergab, bis die Shin Splints völlig ausgeheilt sind. Im Übrigen kann Ihnen Ihr Physiotherapeut helfen.

Shin Splints vorzubeugen ist besser, als sie ausheilen zu müssen, und die beste Vorbeugung sind bewegliche Sprunggelenke. Es ist daher ratsam, dass Sie Ihre

Sprunggelenke trainieren – z.B., indem Sie sich mit den Fußballen auf eine Stufe stellen und auf- und abwippen. Dadurch dehnen Sie die Sehnen im hinteren und vorderen Bereich Ihrer Beine maximal. Auf der Basis einer ausgebildeten Kondition leisten Sprungläufe bergan außerordentlich gute Dienste sowohl für die Beweglichkeit des Sprunggelenks als auch des Fußes.

Manche Laufschuhe schneiden unmittelbar unterhalb der Achillessehne ins Fleisch. Dies kann zu einer **Bursitis (Schleimbeutelentzündung)** führen, worunter ein knorpeliger Knochenauswuchs zu verstehen ist, der so groß werden kann, dass er beginnt, auf die Achillessehne selbst zu drücken. Menschen mit gewölbteren Fersen sind diesbezüglich weniger gefährdet als Menschen mit geraden Fersen. Glücklicherweise werden heute immer mehr Laufschuhe, egal, welche Fehler sie sonst auch aufweisen, mit U-förmigen Einschnitten im Bereich der Fersenkappe hergestellt, um den Druck von diesem kritischen Bereich wegzunehmen.

Ein zu groß gewordener Schleimbeutel muss operativ entfernt werden. Ist der Schleimbeutel jedoch klein und kommt es nicht zu einer Verschlimmerung, kann man in der Regel mit ihm leben. Es verhält sich ähnlich mit den entzündeten Fußballen, die Frauen früher bekamen, wenn sie ihre Füße in Schuhe zwängten, die zwar modisch, aber zu klein für sie waren.

Mein Vorschlag, wie man mit einem entzündeten Fußballen umgehen soll, ist simpel: Schneiden Sie ein Loch in den Schuh, das dem entzündeten Fußballen mehr Platz gibt. Sie müssen nur sicherstellen, dass die Ränder des Lochs weich sind, damit sie keine Reibung verursachen.

Ein **Fersensporn**, bei dem es sich ebenfalls um eine Knochenwucherung unter oder auf dem unteren Fersenknochen handelt, ist ein lästiges Problem. Ich habe einmal einen bekommen, als ich auf einen harten Gegenstand trat. Um der Operation, zu der mein Arzt riet, zu entgehen, schnitt ich ein Loch in die innere Fersenkappe des Schuhs, in das der Fersensporn hineinpasste. Ich lief weiter und hatte keine Beschwerden mehr. Einige Monate später – nachdem ich in die Fersenkappe eines anderen Schuhs ebenfalls ein Loch geschnitten hatte – stellte ich fest, dass der Fersensporn verschwunden war.

Nichtsdestotrotz kann ein Fersensporn eine schmerzhafte Angelegenheit sein und Sie sollten medizinischen Rat suchen, wenn er sie belästigt.

Viele Sportarten können zu **Knorpel- und Meniskusbeschwerden** im Kniegelenk führen. Footballspieler sind aufgrund der schnellen Drehungen, die sie bei hoher Geschwindigkeit ausführen müssen, besonders gefährdet.

Zu diesen Knieverletzungen kommt es, wenn der Körper und das Bein des Sportlers schnell rotiert, der Fuß dieses Beins jedoch durch die Stollen der Schuhsohle fest im Boden verankert ist. Die Meniski haben im Knie die Funktion von Polstern und der Knorpel umlagert die Knochen. Die Zug- und Aufprallbelastungen beim Laufen können sowohl zu Meniskus- als auch Knorpelschädigungen führen.

Wenn Sie unter einer Pronation oder Supination der Sprunggelenke leiden, kann es aufgrund von Knorpelschädigungen oder Bänder- und Muskelüberdehnungen im Kniebereich zu Problemen kommen.

Wenn ein beschädigter Meniskus oder Knorpel entfernt werden muss, bedeutet dies nicht, dass man mit dem Laufen aufhören muss. Barry MAGEE, der bei den Olympischen Spielen 1960 hinter dem barfuß laufenden Abebe BIKILA die Bronzemedaille im Marathonlauf gewann, ist jetzt weit über 60 Jahre alt und läuft immer noch gut, obwohl sein Knorpel schon seit langem entfernt wurde. Er dient in diesem Buch als Fotomodell.

Ein Knietotalersatz kann einen Läufer zwar für eine gewisse Zeit bremsen, aber es bedeutet nicht, dass er nach der völligen Erholung von der Operation nicht mehr aktiv sein kann.

Sie können elastische Bandagen tragen, um Ihre geschwächten Oberschenkel, Knie und Knöchel zu stützen. Sie sollten jedoch darauf achten, dass diese Bandagen die Haut nicht einengen und aufscheuern oder die Beweglichkeit der Muskeln und Gelenke nicht einschränken. Sie können sich eine Art medizinischen Strumpf besorgen, der in Rollen wie Mull angeboten wird. Das Gute hieran ist, dass Sie genug davon abschneiden können, um mehrere Schichten übereinander zu tragen, wenn Sie dies wollen. Da Sie mit diesen Bandagen, die sich weder aufrollen noch hinter den Gelenken stauchen, unbehindert laufen können, sind diese Bandagen hervorragend geeignet, wenn Sie eine im Heilungsprozess begriffene Verletzung, z.B. im Bereich der hinteren Oberschenkelmuskulatur, schützen wollen.

10 NICHTS ALS VORTEILE

Die Theorie, dass Laufen das Leben verlängert, kann bezweifelt werden, aber sicherlich trägt Laufen dazu bei, dass Sie länger gesünder leben. Sportler, die in den 40er oder 50er Jahren 160 Trainingskilometer pro Woche nach meinen Plänen liefen, sind lebende Beweise dieser Behauptung. Viele von ihnen haben sich körperlich kaum verändert und bringen auch noch mit über 50 oder 60 Lebensjahren hervorragende Laufleistungen. Einige meiner ursprünglichen Jogger aus den 60er Jahren, die damals schon keine jungen Männer und Frauen mehr waren, laufen selbst mit Ende 60 und Anfang 70 noch bemerkenswerte Zeiten.

Laufen macht Ihnen viele der Faktoren bewusst, die Sie daran hindern, ihre späten Lebensjahre ohne gesundheitliche Problme zu genießen, wie z.B. Rauchen, übermäßiges Trinken, das Essen falscher Lebensmittel und Bewegungsmangel. Wenn Sie diese negativen Faktoren aus Ihrer Lebensführung verbannen, ist es logisch, dass Sie Ihre Chancen vergrößern, Ihren Lebensabend gesünder zu erleben.

Ob Sie tatsächlich mehr von diesen Jahren haben, ist, wie bereits angedeutet, nicht sicher, aber es ist konsequent zu argumentieren, dass ein besserer Lebensstil die Wahrscheinlichkeit körperlicher Defizite reduziert und die Aussichten auf eine Verlängerung des Lebens über die normale Zeitspanne hinaus erhöht.

Es gibt zahlreiche Belege dafür, dass die durch Laufen erzielte Fitness auch zu einer Verbesserung der mentalen Einstellung führt und sogar mit erstaunlicher Wirksamkeit Depression in Selbstvertrauen und Überlastung in Entspannung verwandeln kann. Laufen bewirkt, dass man sich gut fühlt, was sich in einer besseren Arbeitshaltung und einer besseren Bewältigung anderer Belastungen niederschlägt. Laufen verbessert das Schlafverhalten und hilft, soziale Barrieren abzubauen. Rechtsanwälte und Richter joggen zusammen mit Installateuren und Schreinern, Studenten mit Lehrern und alle verbindet das gemeinsame, Unterschiede abbauende Interesse an ihrem eigenen Wohlergehen.

Masterläufer, die auf regionaler, nationaler und internationaler Ebene regelmäßig an Wettkämpfen teilnehmen, finden sich zu Gruppen Gleichgesinnter zusammen. Der soziale Umgang bei den Wettkämpfen, zu denen diese Sportler sich treffen, ist durch Freundschaftlichkeit und das Gefühl sozialer Gemeinsamkeit gekennzeichnet. Zwar kann die Konkurrenz genauso intensiv ausgeprägt sein wie bei jüngeren Sportlern, aber die Einstellung ist eine andere, weil das erste Ziel bei Mastersportfesten der Wettkampf selbst und nicht der Sieg ist.

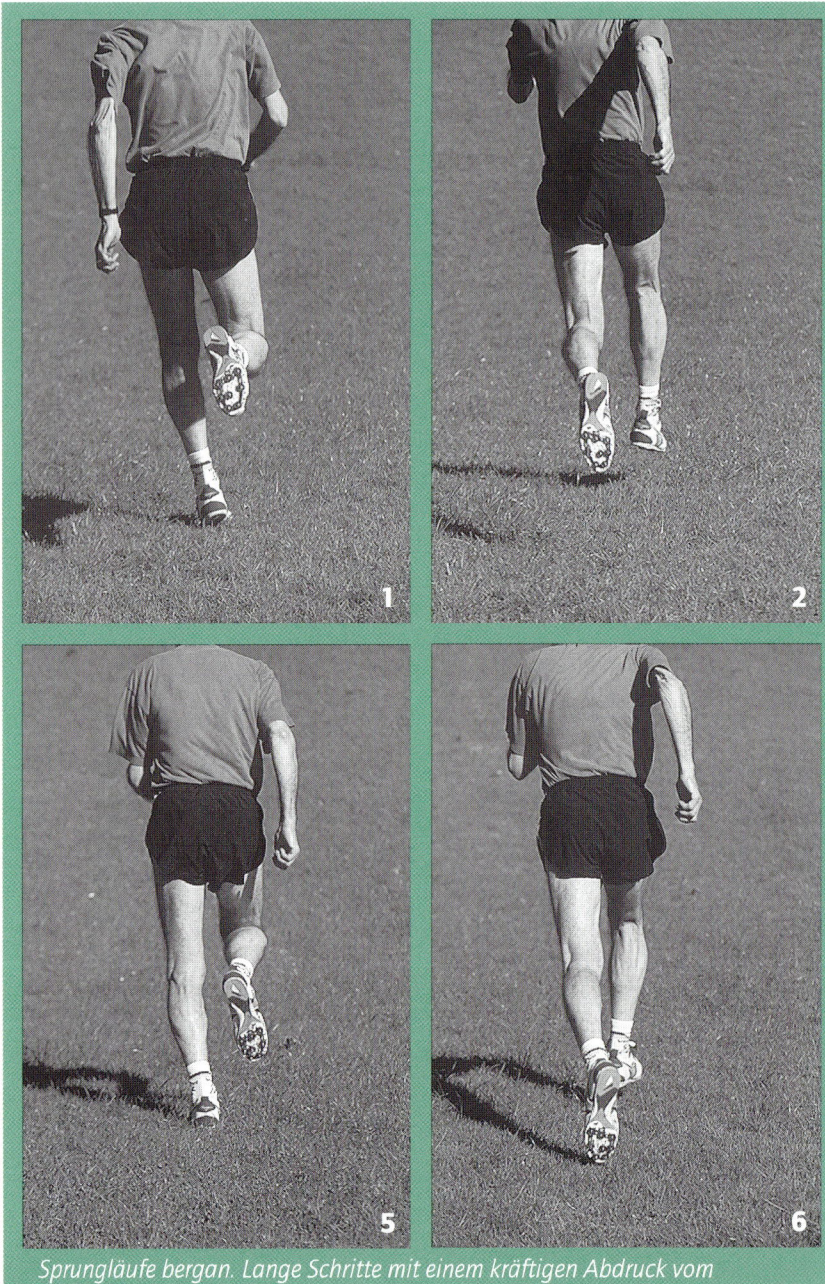

Sprungläufe bergan. Lange Schritte mit einem kräftigen Abdruck vom

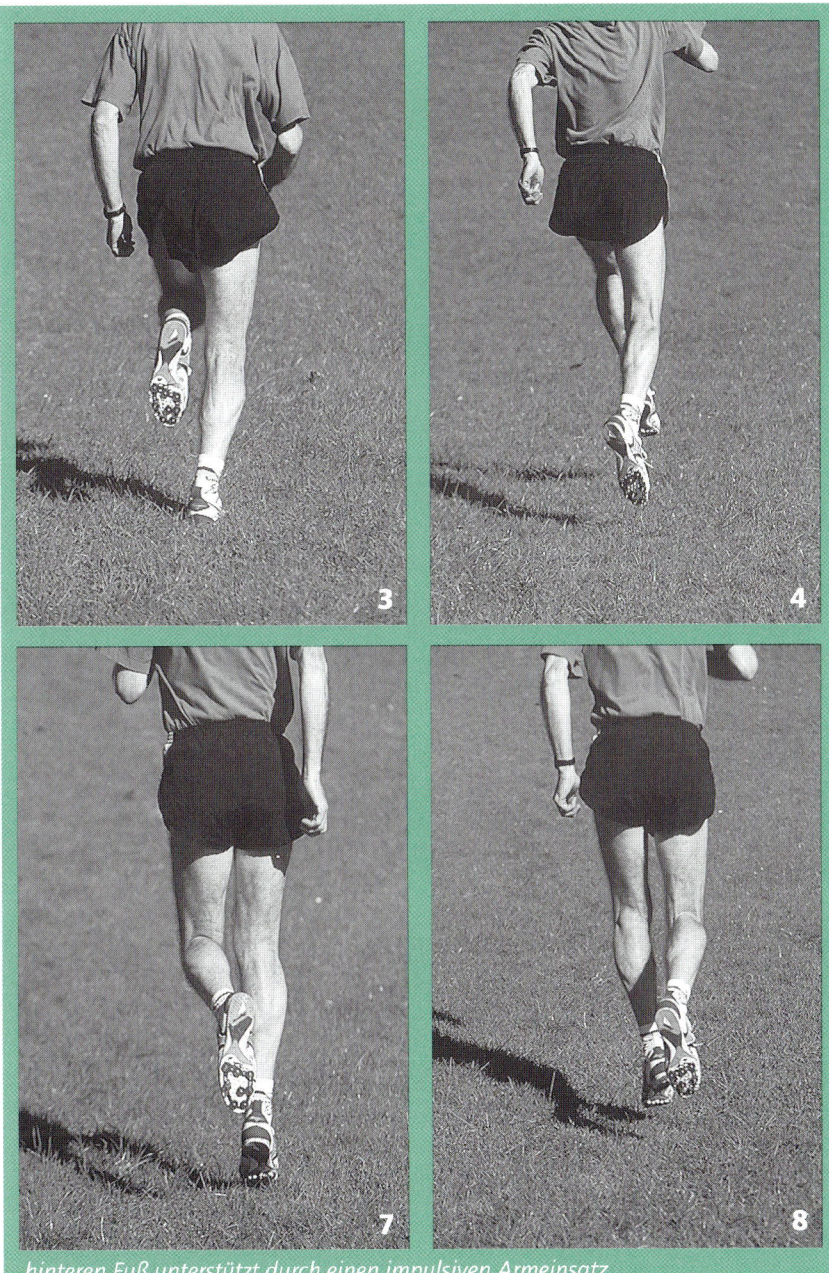

hinteren Fuß unterstützt durch einen impulsiven Armeinsatz

Wenn wir trainieren, nimmt unser Blutdruck tendenziell ab. Der systolische Druck (der höchste Wert im Gipfelpunkt der Herzkontraktion) und der diastolische Druck (der niedrigste Punkt, wenn das Herz sich wieder entspannt) verbessert sich, weil diese Werte unmittelbar mit einem verbesserten Blutgefäßsystem zusammenhängen. Aus diesem Grunde ermutige ich Menschen mit Herzproblemen, unter Überwachung von Herzspezialisten, mit dem Jogging zu beginnen und die Ergebnisse sind beachtlich.

Ein Pathologe aus Neuseeland hat mir erzählt, dass das Blutgefäßsystem eines nichtsporttreibenden Menschen durch Ausdauertraining um das Zwanzigfache erweitert werden kann, indem sich das riesige Netzwerk aus Arterien, Arteriolen, Venen und Kapillarbetten im Körper erweitert und entwickelt. Ich weiß, dass meine Ausdauertrainingsmethoden dazu geführt haben, dass der Ruhepuls meiner Sportler um 20 oder 25 Schläge pro Minute zurückging. Peter SNELL reduzierte seine Pulsfrequenz von etwa 68 Schlägen auf 38 Schläge pro Minute. Snell ist mittlerweile über 50 Jahre alt und ist in seiner Altersklasse Orientierungslaufmeister der Vereinigten Staaten, wo er jetzt lebt.

Die Pulsfrequenz meines Co-Autors Garth GILMOUR verringerte sich von über 75 durch Zigarettenkonsum verursachten Schlägen auf etwa 50 Schläge, nachdem er mit Mitte 30 mit dem Laufen angefangen hatte. Mittlerweile ist er über 73 Jahre alt und sein Ruhepuls beträgt immer noch etwa 60 Schläge pro Minute, obwohl er sich jetzt nicht mehr regelmäßig sportlich betätigt. Dies beweist einen weiteren Punkt: dass man ein einmal erworbenes gutes Fitnessniveau ein Leben lang aufrechterhalten kann.

Hohe Cholesterinwerte wurden in der Vergangenheit als Risikofaktor betrachtet. Wir haben jedoch mittlerweile gelernt, dass Cholesterin sowohl gut als auch schlecht sein kann und dass einige Menschen, zu denen auch ich gehöre, natürlich hohe Werte aufweisen, die überhaupt keine Bedrohung darstellen. Alles hängt von der Art des Cholesterins in Ihrem Körper ab.

Schmerzunempfindlichkeit wird im Wesentlichen von einer schmerzstillenden Substanz namens Endorphin verursacht, die von der Hypophyse im Gehirn ausgeschüttet wird. Aktuelle wissenschaftliche Belege deuten darauf hin, dass ein körperliches Training diese Ausschüttung fördert und dass die Endorphine ein körperlicher Mitverursacher der Euphorie sind, über die viele Ultralangstreckenläufer berichten (das so genannte ‚Runner's High'). Es ist auch bewiesen, dass einige Menschen mehr Endorphin bilden als andere, was ihnen zu einer größeren Schmerztoleranz verhilft.

Ich glaube, dass dieser Unterschied eine überzeugende Demonstration in einem Rennen zwischen zwei meiner früheren Schüler erfuhr, den Olympiateilnehmern Ray PUCKETT und Merv HELLIER, beide sehr gute Sportler. In einem Crossrennen über 32 Kilometer, vermutlich dem längsten Crosslauf in der Welt, kämpften beide Seite an Seite und als sie den letzten Kilometer der Strecke in der Nähe von Wellington, Neuseeland, in Angriff nahmen, führte PUCKETT um einen halben Meter. HELLIER versuchte zwar, auf der ganzen Strecke zum Ziel hin, an PUCKETT vorbeizukommen, dieser konnte jedoch seinen knappen Vorsprung halten, bis beide die Ziellinie überquerten. Dann ließ Puckett sich vor Erschöpfung sogleich auf den Boden fallen. HELLIER, der immer noch herumlief, konnte nicht verstehen, was geschehen war. Tatsache war jedoch, dass PUCKETT, der über eine größere Schmerztoleranz verfügte, sich maximal verausgabt hatte, um HELLIER zu schlagen. HELLIER war dazu nicht imstande, denn sonst hätte er gewonnen.

Als Roger BANNISTER als erster Läufer die Meile unter vier Minuten lief, bewies er die gleiche Fähigkeit wie PUCKETT, den letzten Rest an Energie aus sich herauszuholen. BANNISTER durchbrach das Zielband, stoppte sofort und war noch nicht einmal in der Lage, ohne Hilfe auf seinen Füßen zu stehen. Er verausgabte sich auf dieselbe Weise, als er die Meile bei den Empirespielen in Vancouver gewann.

Es ist offensichtlich, dass ein hoher Umfang anaeroben Trainings wesentlich zur Freisetzung von Endorphin beiträgt, aber der Unterschied zwischen zwei gleichermaßen vorbereiteten Sportlern, von denen einer eine höhere Endorphinkonzentration aufweist, lässt sich auch durch Training nicht gravierend verändern.

Als die Joggingrevolution begann, bestand ein großer Motivationsfaktor in dem Bewusstsein der Koronarprobleme, unter denen viele Menschen – vor allem Geschäftsleute – litten und an denen auch viele starben. Sie alle lebten sozusagen im Infarktland und alle wussten, dass sie etwas tun mussten, um sich zu schützen. Es bereitete ihnen zwar Unruhe, dass sie nichts machten, sie wussten jedoch nicht, welche Art körperlicher Aktivität sie wählen sollten, um zu vermeiden, dass sie genau das auslösten, wovor sie sich fürchteten.

Sobald diese Personen erst einmal die simple Tatsache verstanden hatten, dass ein kontrolliertes Joggingprogramm nicht die gleichen Risiken bedeutete wie beispielsweise Tennis oder Squash, weil es für untrainierte Körper keine große Belastung darstellt, waren sie nicht mehr zu halten. Von diesem Zeitpunkt an veränderte sich die Botschaft. Die Joggingpioniere, von denen die meisten an Herzproblemen gelitten hatten, verbreiteten die Nachricht, dass Jogging Spaß macht, leicht ist und der Gesundheit gut tut. Und auf dieser Basis entwickelte das Jogging, wie es bei allen sportlichen Aktivitäten der Fall ist, eine Wettkampfkomponente und der Mastersport war geboren. Vermutlich hatte das Jogging zunächst tatsächlich nur den Zweck gehabt, einen Beitrag zur Verbesserung der persönlichen Fitness zu leisten, aber es liegt in der menschlichen Natur, sich mit Gleichaltrigen zu messen. Dies tun Golfspieler genauso wie Footballspieler, Tennis- und Squashspieler, Eis- und Skisportler. Heutige Jogger haben erstaunliche Fähigkeiten entwickelt und viele von ihnen sind nicht länger damit zufrieden, als Jogger oder Exjogger bezeichnet zu werden. Sie sind Sportler mit einer eigenen Identität – und darauf sind sie stolz.

Die Regel, dass 15 Minuten tägliches Jogging zur Erhaltung der Fitness ausreichen, gilt noch immer, aber diejenigen, die sich darüber hinaus weiterentwickelt haben, bedürfen immer noch der Anleitung durch Kontrollen, um ihr volles Potenzial erreichen zu können.

Evaluieren Sie Ihr Training möglichst täglich. Absolvieren Sie jeden Tag abwechselnd einen langen oder kurzen bzw. einen schnellen oder langsamen Lauf, unabhängig davon, wozu Sie gerade Lust haben. Wenn Sie sich an einem Tag nicht gut fühlen, können Sie Ihre Trainingseinheit verkürzen oder sogar ganz ausfallen lassen. Dies bedeutet keinen Weltuntergang und solch ein Verhalten ist auf lange Sicht sogar vorteilhafter, als den Körper zu Aktivitäten zu zwingen, zu denen er aus bestimmten Gründen im Moment keine Lust hat. Es geht schlicht darum, auf den eigenen Körper zu hören.

Vermeiden Sie auch längere Unterbrechungen in Ihrer Trainingsroutine. Ehrgeizige Menschen planen ihre Zeit so, dass sie ihre Arbeitsanforderungen und ihre sozialen Aktivitäten um ihr Laufen herumgruppieren, statt zu versuchen, ihr Laufen um die Arbeit und die sozialen Anforderungen zu verteilen.

Wenn Sie Abschnitte harten anaeroben Trainings absolvieren, müssen Sie sich mindestens 48 Stunden und vielleicht sogar längere Zeit zur Erholung gönnen. Dies ist wichtig, um zu verhindern, dass das Zentralnerven- und Immunsystem zusammenbricht. Wenn man diese wichtige Erholungsperiode mit noch mehr harter Arbeit anfüllt, läuft man Gefahr, den Nutzen des ganzen bisherigen Trainings zunichte zu machen.

Wenn das Wetter schlecht ist, wird die Motivation wieder zum entscheidenden Faktor. Es ist leicht, nach draußen in den Regen und Schnee zu schauen oder auf den heulenden, eiskalten Wind zu hören und zu sagen: „Heute lasse ich das Training ausfallen." Dies ist jedoch nichts anderes als feiges Kneifen. Wenn man richtig angezogen und gut aufgewärmt ist, ist es völlig ungefährlich, sich den Winterbedingungen auszusetzen – und es ist ein ungeheurer psychologischer Antrieb zu wissen, dass man sich draußen aufhält und dafür sorgt, dass man fit bleibt, während die anderen sich in ihren Zimmern aufhalten und nichts für ihre Fitness tun. Viele finden es belebend, bei schlechtem Wetter zu laufen und freuen sich sogar auf diese Herausforderung.

Wenn man sich in einem guten Konditionszustand befindet, ist es auch durchaus erlaubt, sich hin und wieder einen Exzess zu gestatten. Sie können z.B. ruhig einen Schokoladenriegel vertilgen, wenn Sie wissen, dass Sie lediglich die Kalorien wieder ersetzen, die Sie bei Ihrem letzten Lauf verbrannt haben. Probieren Sie ruhig von einem köstlichen Kuchen – mitsamt seiner Sahnefüllung. Laufen fördert sogar die Lust auf Süßigkeiten, wie z.B. auf Konfekt und Kuchen, die unter Normalbedingungen schädlich für uns wären. Menschen, die aufgrund ihres Lauftrainings fit sind, können diesem Begehren nachgeben, weil sie wissen, dass sie sich keinen Schaden zufügen.

Die einzige Grenze ist, dass sie nicht allzu häufig ‚die Sau rauslassen' und dass Sie Ihre gelegentlichen Essanfälle dadurch ausgleichen, dass Sie auf eine gesteigerte Kalorienaufnahme in Form von Vollkostnahrungsmitteln wie Vollkornbrot und stärkehaltiges Gemüse und die natürliche Zuckerquelle Honig achten.

Ein anderer wichtiger Grund zu laufen ist die Gewichtsabnahme und viele sind enttäuscht, wenn die Waage nur geringe oder gar keine Veränderungen anzeigt. Aber die Gewichtsabnahme durch Fettverlust wird oft durch das Gewicht der entwickelten Muskulatur wieder wettgemacht und einige haben sogar erlebt, dass aus diesem Grunde ihr Gewicht sogar zugenommen hat. Fett kann durchaus eine gewisse Masse haben, es ist jedoch flüssig und ist kein so bedeutender Gewichtsfaktor, wie viele meinen. Muskeln sind vergleichsweise schwer, daher kann wenig Muskelmasse viel Fett ersetzen.

Der entscheidende Punkt ist, dass Sie keinen Blutzucker verbrennen können, ehe Sie nicht fit und schnell genug werden, um sich anaerob zu belasten. Wenn Sie einmal so weit sind, können Sie durch anaerobes Training Blutzucker 19-mal schneller verbrennen als durch aerobes Training und der Gewichtsverlust wird sich zeigen.

Die Anteile von braunem und weißem Fett schwanken von Individuum zu Individuum. Es ist jedoch bekannt, dass braunes Fett während des Schlafs verstoffwechselt wird. Daher können Menschen, die einen hohen Anteil dieses Fettes aufweisen, sehr viel essen, ohne zuzunehmen, während Menschen mit geringem Anteil an braunem Fett fast schon zunehmen, wenn sie bloß an Essen denken. Bei ihnen kann jeder auch noch so geringe Ausrutscher an Kalorienaufnahme zu mehr Gewicht führen.

Während es also irreführend ist zu behaupten, dass normales Jogging zu einem Gewichtsverlust führt, spielt es jedoch eine wichtige Rolle bei der Regulierung des Gleichgewichts zwischen Fett und Fitness. Da die Menschen sich voneinander unterscheiden, gibt es keine anderen definitiven Richtlinien als die Versicherung, dass Laufen, wenn erst einmal eine Grundlagenfitness erreicht wurde, jedem Einzelnen hilft.

Der Körperfettgehalt von Spitzenathleten ist niedrig. Wenn ich richtig informiert bin, wurde der Körperfettgehalt von John WALKER mit 3% gemessen, als er als Erster die Meile in 3:50 lief: Topmarathonläufer weisen Werte von etwa 5% auf. Frauen haben natürlicherweise einen höheren Körperfettgehalt als Männer und der Körperfettgehalt von Marathonläuferinnen liegt um 10%. Von einigen Ausnahmen abgesehen, tendieren gute Langstreckler also dazu, dünn und leicht zu sein. Es macht jedoch keinen Sinn und es ist auch nicht erforderlich, mit aller Gewalt zu versuchen, so wie sie zu sein, um Spaß am Laufen zu haben und das damit verbundene Gefühl des Wohlbefindens zu haben.

Ich war noch nie jemand, der seine Kalorienaufnahme strikt kontrolliert hat, es ist jedoch wahrscheinlich, dass wir alle zu viel essen und dass eine gelegentliche moderate Fastenkur gut für uns wäre. Der regelmäßige Sportler verbraucht jedoch viel Energie und benötigt folglich mehr Kalorien. Er braucht sogar etwas von dem Fett, von dem uns gesagt wird, dass wir es eigentlich meiden sollten. Auf jeden Fall sollten Sportler jedoch mehrfach ungesättigte Fette zu sich nehmen, denn bei diesen ist die Wahrscheinlichkeit, dass sie Probleme bereiten, geringer als bei den gesättigten Fetten.

Das Ziel besteht darin, ein ausgewogenes Verhältnis zu erreichen zwischen der Aufnahme von Proteinen und Kohlenhydraten (die eine wichtige Rolle bei der Erhöhung der Blutzuckerwerte spielen) und dem Ausmaß der eigenen sportlichen Aktivität. Ihr Körper ist normalerweise intelligent genug, um Sie wissen zu lassen, was er braucht und was nicht. Wie auch beim Laufen, sollten Sie in der Küche auf Ihren Körper hören.

Als Ergänzung empfehle ich Honig. Honig ist leicht zu verdauen, hat einen hohen Kaloriengehalt, hat kaum Masse und verursacht keine Gasbildung. Ein guter Ersatz für Honig ist flüssige Glukose.

Die besten Kohlenhydrate sind in stärkehaltigen Nahrungsmitteln sowie in Getreide enthalten. Da diese Nahrungsmittel jedoch leicht Blähungen verursachen können, sollte man besonders vor Wettkämpfen vorsichtig mit ihrem Verzehr umgehen.

Die Lungenkapazität spielt bei sportlichen Belastungen keine allzu große Rolle. Die Leistung hängt vielmehr von der Blutzufuhr pro Minute ab, denn diese bestimmt, wie viel Sauerstoff Sie aufnehmen können, gleichgültig, wie groß Ihre Lungenkapazität ist. Sportliche Belastungen haben keinen großen Einfluss auf Ihre Lunge; der Nutzeffekt richtiger sportlicher Belastungen liegt in einer verbesserten kardiovaskulären und kardiorespiratorischen Effizienz.

Auch Menschen mit gesundheitlichen Problemen, wie z.B. Diabetes, können sportliche Aktivitäten genießen und von ihnen profitieren. Mein Ratschlag an alle, vor allem an diejenigen mit derartigen Handicaps, lautet, vor Trainingsbeginn medizinischen Rat und Anleitung zu suchen. Dies ist ein Bereich, in den wir uns nicht einmischen möchten.

Ein wie guter Läufer können Sie sein? Niemand weiß darauf eine Antwort, ehe Sie es nicht ausprobieren, ehe Sie sich nicht an Ihre äußersten Grenzen vortasten. Anthropometrische Messungen, die Muskelgröße und -zusammensetzung, die allgemeine Stoffwechselökonomie sowie die Fähigkeit der Koordination sind von Mensch zu Mensch unterschiedlich. Hieran können wir nichts ändern. Ein langsamer Läufer kann jedoch ein schnellerer Läufer werden und der schnelle Läufer kann ein noch schnellerer Läufer werden, weil jeder seine Ausdauer ganz einfach dadurch verbessern kann, dass er seine Fähigkeit der Aufnahme, des Transports und der Ausnutzung des Sauerstoffs verbessert. Schneller wird man, wenn man seine Muskulatur tonisiert und trainiert. Insgesamt können die Schnelligkeit, Schnellkraft, die Reflexe und die natürliche Anpassungsfähigkeit durch ein vernünftiges Training verbessert werden.

Sie müssen also nicht von Vornherein gut sein, um Erfolg zu haben. Sie können lernen, mit einer besseren und effektiveren Technik zu laufen, mit einem hocheffizienten, ausdauernden Organismus, der mit Hilfe eines systematischen Trainings in Feinform gebracht wurde. Entspannung spielt beim Laufen eine wichtige Rolle. Sehen Sie sich einmal Zeitlupenaufnahmen eines Läufers an, der mit hoher Geschwindigkeit läuft, und beobachten Sie die Bewegungen seiner Gesichtsmuskeln und anderer für das Laufen nicht benötigter Muskelpartien: das ist Entspannung.

Wir wissen heute, dass Frauen zu Leistungen imstande sind, die noch vor drei Jahrzehnten für unmöglich und unvernünftig gehalten wurden – sie können so hart wie Männer trainieren. Als endlich ein Mittelstreckenrennen für Frauen bei Olympischen Spielen durchgeführt wurde, beendeten die Läuferinnen dieses Rennen in unterschiedlichen Erschöpfungszuständen. Einige wurden bewusstlos, andere stürzten zu Boden. Die Ursache war ganz einfach, dass keine dieser Frauen für diesen Wettkampf trainiert hatte, es war also ganz logisch, dass sie schlecht liefen.

Mittlerweile besteht der einzige Unterschied zwischen Sportlern und Sportlerinnen in der unterschiedlich ausgeprägten Muskelkraft. Frauen können das gleiche Trainingsprogramm absolvieren wie Männer und sie können alle Strecken laufen, die auch Männer laufen. Sie sind sogar imstande, überlange Distanzen besser zu bewältigen als Männer. Dies wurde vor einigen Jahren in einem Rennen über 16.000 Kilometer in New York bewiesen, als unter den fünf Erstplatzierten vier Frauen waren.

Wenn wir also die vorliegenden Ergebnisse zusammenfassen, so können wir sagen, dass Jogger und Masterläufer bewiesen haben, dass man sich mit 40 oder 70 Jahren nicht so alt fühlen muss, wie man tatsächlich ist. Masterläufer haben gezeigt, dass man mit zunehmendem Alter über mehr Ausdauer verfügt als in jüngeren Jahren. Dies demonstrierte z.B. Carlos LOPEZ, als er mit 36 Jahren den Marathonlauf bei den Olympischen Spielen in Los Angeles gewann. Wie bereits an früherer Stelle erwähnt, haben viele Sportler mit Ende 30 oder Anfang 40 über alle Strecken, die länger als 5.000 Meter sind, erheblich jüngere Rivalen geschlagen.

Es ist unwichtig, wie alt Sie sind, wenn Sie als Master mit dem Laufen beginnen. Wenn Sie in Ihrer Jugend Sport getrieben und ein gewisses Fitnesslevel beibehalten haben, ist es sicherlich leichter, ein effizienter Läufer zu werden. Aber es gibt nichts, was selbst Personen höheren Lebensalters, die nur wenig Sport getrieben und keinen Trainingsbackground haben, daran hindern könnte, sich aufzumachen, das Laufen zu erlernen und Freude daran zu finden, lange Strecken zurückzulegen oder an Volksläufen teilzunehmen. Man kann in jedem Lebensalter ein besseres Herzkreislaufsystem entwickeln. Verhärtete Arterien brauchen kein Handicap zu sein, weil andere Arterien, die bislang gar nicht entwickelt waren, durch regelmäßiges, kontrolliertes Training in Anspruch genommen werden können. In gewissem Sinne können Sie sich selbst Bypässe legen. Viele gute Masterläufer begannen erst mit dem Laufen, als sie über 40 Jahre alt waren.

Einem meiner ersten Jogger, einem Mann über 70, hatte man alle Krampfadern aus den Beinen entfernt, aber der Arzt, der das Stripping erledigt hatte, erklärte mir, dass die entfernten Venen nur 10% der in den Beinen vorhandenen Blutgefäße darstellten. Die anderen Blutgefäße konnte man zwar nicht sehen, aber die durch das Laufen erreichte Durchblutungssteigerung hatte sie so weit entwickelt, dass sie die entfernten Gefäße ersetzten.

11 VITAMINE, MINERALIEN UND ERGÄNZUNGSSTOFFE

Die Sympathien und Antipathien gegenüber bestimmten Nährstoffen sind bei den Menschen sehr unterschiedlich ausgeprägt und das Gleiche trifft auf die Nahrungsgewohnheiten vieler Sportler zu, die zu den Besten der Welt gehören. Alle bringen jedoch mit dem, was und wie sie essen, gute Leistungen. Es ist daher unmöglich, genau anzugeben, was für eine bestimmte Person am besten ist. Ärzte und Ernährungsexperten behaupten, dass es hauptsächlich auf eine ausgewogene Ernährung ankommt, aber angesichts der immer populärer werdenden industriell verarbeiteten Nahrungsmittel und der Ungewissheit hinsichtlich der Herkunft unseres Obstes und Gemüses, wird es immer unmöglicher, genau zu sagen, was eine ausgewogene Ernährung eigentlich ist.

So kann z.B. Obst und Gemüse in einem Boden angebaut werden, der einige der Spurenelemente, die zu dieser Ausgewogenheit beitragen, nicht mehr enthält und dem stattdessen künstliche Wachstumsstimulatoren hinzugefügt wurden. Können wir also sicher sein, dass wir die Menge an Selen, Zink, Chrom und Kobalt bekommen, die wir brauchen, und keine der Zusatzstoffe, die wir nicht wollen? Unser Bedarf kann zwar gering sein, aber jeder dieser Mineralstoffe ist wichtig für unseren Stoffwechsel.

Obwohl ich noch nie ein Anhänger von Ergänzungsstoffen war, muss selbst ich einräumen, dass es klug ist, zu Multivitamin- und Mineralergänzungspräparaten zu greifen, wenn man intensiv Sport treibt. Dies bedeutet nicht, dass man zu einem Pilleneinwerfer wird und riesige Mengen Tabletten zu sich nehmen soll. Wenn man jedoch effizient funktionieren will, muss man darauf achten, dass man über seine normale Nahrung, deren Qualität und Frische durch viele Faktoren beeinflusst werden kann, genug Vitamine und Mineralien aufnimmt. Es gibt große Unterschiede, z.B. zwischen Nahrungsmitteln, die aus der arktischen Region, den nordafrikanischen Tropen und moderateren Klimazonen kommen.

Es ist so viel und aus so unterschiedlichen Blickwinkeln über Ernährungsanalyse, Mineral- und Vitaminwerte, Kohlenhydrate, Fettsäuren, Proteine usw. geschrieben worden, dass man leicht so verwirrt werden kann, dass man Hilfe sucht, indem man die Regale der Bioläden durchstöbert.

Das folgende Beispiel unterstreicht die Wichtigkeit der Spurenelemente: Vor einem halben Jahrhundert wurde mit der Nutzung der Bimssteinböden auf der zentralen Nordinsel von Neuseeland begonnen. Man streute Grassamen aus und reicherte den Boden mit künstlichen Düngemitteln an. Als das Gras dann so hoch war, dass es den Kühen bis zum Bauch reichte, trieb man das Vieh auf diese Weiden. Die Tiere begannen sofort, Gewicht zu verlieren. Einige Kühe verendeten sogar. Eine Bodenanalyse ergab dann, dass dem Boden nur ein einziges Spurenelement fehlte, nämlich Kobalt. Das reichte jedoch aus, um dem Vieh zu schaden. Man fügte dem Boden also Kobalt hinzu und heute gehören diese Bimssteingebiete zu den besten Viehzuchtgebieten in Neuseeland.

An anderen Orten in Neuseeland fehlt den Böden ausreichend Zink und Selen im Vergleich zu einigen Gebieten in Kalifornien, wo die Böden diese Substanzen in zu großen Mengen enthalten.

Die heutzutage auf dem Markt befindliche Gemüse, das in den Supermärkten so einladend aussieht, kommt mit großer Sicherheit aus den Gärten kommerzieller Versorger, deren Böden zwar voller das Wachstum fördernder künstlicher Düngemittel sind, denen jedoch wichtige Spurenelemente fehlen. Dies ist ein drastischer Wandel gegenüber den Tagen, als die meisten Neuseeländer noch ihr eigenes Gemüse auf organische Weise in ihren Hintergärten anbauten. Dieser Wechsel zu Ladengemüse ist typisch für die gesamte westliche Welt.

Der verstärkte Gebrauch von Färbemitteln, Zusätzen und Konservierungsstoffen bei industriell verarbeiteten Nahrungsmitteln stellt eine weitere Gefahr dar, weil sich mittlerweile herausgestellt hat, dass der intensive Konsum dieser Substanzen zu einer langsamen Vergiftung des menschlichen Körpers führt, wodurch sich das Risiko einer Krebserkrankung oder von Arthritis erhöht.

Tatsächlich weiß man heute, dass einige der roten Farbstoffe – die beispielsweise eingesetzt werden, um Speiseeis und anderen Süßwaren, die Kinder, aber auch Erwachsene mögen, eine attraktive Farbe zu geben – krebserregend sind.

Gary und Steven NULL haben in ihrem Buch *Poisons in Your Body* (Prentice Hall Press, 1977) gezeigt, dass 90% der Farbstoffe, die von Lebensmittelherstellern eingesetzt werden, synthetisch sind und dass die meisten aus Kohleteer hergestellt werden. Selbst Orangen aus Florida erwiesen sich als gefärbt. Das Gleiche traf auf Katzen- und Hundefutter zu, obwohl diese Tiere farbenblind sind. Die Farbe sollte einzig und alleine anziehend auf die Tierhalter wirken.

Interessant ist, dass die NULLS feststellten, dass die Farben als „von der Regierung der USA geprüfte künstliche Farbstoffe" klassifiziert worden waren, was den Eindruck erweckte, als seien sie auf ihre Unbedenklichkeit überprüft worden. Tatsächlich jedoch bedeutete das Prüfsiegel nur, dass die Farben bestimmten Regierungsnormen entsprachen, denen zufolge ein bestimmter Prozentsatz an Unreinheit, z.B. aufgrund von Arsengehalt, erlaubt war.

Die Schlussfolgerungen der NULLS müssten auch verhindern, dass man jemals wieder in den USA ein Hühnchen isst. Um die Hühner während ihrer Zwangsfütterung und -mästung zu beruhigen, werden ihnen Tranquilizer zugeführt, um alle in ihrem Futter enthaltenen Bakterien, einschließlich der guten, abzutöten. Medikamente, wie z.B. Arsen und Antibiotika, werden dem Futterbrei ebenfalls hinzugefügt – folglich nimmt derjenige, der ein solches Hühnchen verzehrt, auch diese Stoffe mit auf. Um die helle Farbe des weichen, weißen Fleisches der Hühnchen zu tarnen, werden sie mit künstlichen Farbstoffen gold gefärbt. Um dem Fleisch Geschmack zu geben, wird ihnen das Enzym Hyaluronidase injiziert. Um den bitteren Geruch, den Hyaluronidase beim Kochen produziert, zu überdecken, wird den Hühnchen eine maskierende Mischung aus Gewürzen und Knoblauch hinzugefügt.

Vergleichen Sie dies mit der Nahrung der zahlreichen talentierten Sportler, die aus den schwarzafrikanischen Ländern in die westliche Welt drängen. Sie leben wesentlich mehr, als dies bei uns der Fall ist, im Einklang mit der Natur. Sie laugen ihre Böden nicht durch intensiven Anbau, das Weiden und das Zusetzen von Kunstdünger aus, mit der Konsequenz, dass die meisten Mineralien und Spurenelemente im Boden noch enthalten sind. Sie verarbeiten ihre Lebensmittel auch nicht in dem Maße industriell, wie dies in der westlichen Welt der Fall ist.

Es kann durchaus sein, dass ihre Art und Weise mit den Nahrungsmitteln umzugehen, unserem Standard zufolge unhygienisch ist, und auch hinsichtlich der Vielfalt ist die Nahrung der Schwarzafrikaner mit der unsrigen nicht vergleichbar. Diese Sportler genießen jedoch eine viel gesündere und nahrhaftere Diät als wir selbst und sie entwickeln eine natürliche Widerstandskraft gegenüber Erkrankungen. Ihre einfache, aber körperorientierte Lebensweise ist der Hauptgrund, warum sie eine derartige Dominanz im Sport erlangt haben.

Das amerikanische Magazin *Women's Sports* untersuchte vier Jahre lang die Ernährungsgewohnheiten und gelangte zu der Schlussfolgerung, dass heutzutage nahezu jeder Vitaminpräparate benötigt. Sie brauchen sie, wenn Sie in einer Stadt mit viel Smog leben, wenn Sie regelmäßig unter Hitzebedingungen trainieren, wenn Sie an einer Allergie leiden, wenn Sie vor einem Wettkampf vermehrt Kohlenhydrate zu sich nehmen, wenn Sie verletzungsanfällig sind und wenn Sie einen Wettkampf absolvieren wollen.

Das Magazin fügte hinzu: „Leben bedeutet Aktion. Es gibt nichts Statisches rund um den Körper. Die Stoffe, die die Aktion – d.h. Ihren Herzschlag, das kontinuierliche Feuer Ihrer Verdauung, Ihre Atmung, Ihre Bewegungen – in Gang setzen und kontrollieren, sind die Enzyme.

Ohne Vitamine würden die Enzyme allerdings nicht funktionieren und auch Sie selbst nicht. Ohne Thiamin (Vitamin B) würde das Gehirn und das Nervensystem seine Funktion einstellen. Die Arme und Beine würde nicht mehr koordiniert arbeiten. Der Augenmuskel würde gelähmt stillstehen. Der Geist würde in Amnesie und Koma verfallen. Das Herz würde sich ausdehnen, anschwellen – und stehen bleiben."

Das klingt schauerlich, ist aber wahr. Schauen wir uns also einmal die Rolle der Vitamine für die sportliche Leistung an.

Vitamin A ist notwendig für den Zellersatz und es ist das einzige Vitamin, das bei Menschen in zu geringer Menge vorliegt und das man gleichzeitig auch überdosieren kann, aber nur, wenn man täglich ungeheure Mengen zu sich nimmt. Die wichtigsten Quellen von Vitamin A sind Frischobst und -gemüse, zu wenig Vitamin A ist in Fastfood enthalten. Vitamin A sorgt dafür, dass die Haut glatt bleibt, beeinflusst das Sehvermögen positiv und stärkt das Immunsystem sowie die Stressresistenz.

Karotten, süße Kartoffeln, Spinat, Aprikosen und Zuckermelonen enthalten Betakarotin, das, wenn es durch übermäßiges Kochen nicht abgetötet wird, sich im Körper zu Vitamin A verwandelt. Eine Tasse gekochter Karotten enthält mehr als 16.000 IU Vitamin A. Die höchsten Vitamin-A-Konzentrationen finden sich jedoch im Leberöl von Fischen, wobei Sie dieses Öl am besten in Form von Vitamin-A-Ergänzungspräparaten zu sich nehmen sollten. Sie können bis zu 30.000 IU pro Tag aufnehmen und wenn Sie zusätzlich Vitamin E einnehmen, wird die Fähigkeit des Körpers, das Vitamin A auszunutzen, sich versechsfachen.

Vitamine des B-Komplexes beruhigen die Nerven und sind gut gegen Depressionen, Reizbarkeit, schlechte Konzentration, Schlaflosigkeit, Vergesslichkeit, Verwirrung, Angst und Paranoia. **Vitamin B$_1$ (Thiamin)** hilft dem Körper, Kohlenhydrate in Glukose zu verwandeln. Läufer, die sich vor einem Rennen einer Kohlenhydratmast unterziehen, sollten fünf Milligramm Vitamin B$_1$ zu sich nehmen, um die verzehrten Teigwaren in Energie zu verwandeln. Grüne Blattgemüse, Vollkornnahrungsmittel, Nüsse und Samenkörner sind reich an Thiamin. **Vitamin B$_2$ (Riboflavin)** unterstützt die Fettverdauung und ist in Brokkoli und Spargel, Milch und Käse, Mandeln und Leber enthalten. Alle Vollkornnahrungsmittel enthalten Riboflavin, besonders viel ist jedoch in Naturreis enthalten.

Vitamin B$_3$ (Niazin) spielt eine wichtige Rolle für viele körperliche Reaktionen. Die Wichtigsten dieser Reaktionen betreffen die roten Blutkörperchen, die den gesamten Körper mit Sauerstoff versorgen. Die letzte Etappe der Reise der roten Blutkörperchen durch den Körper bilden die haarfeinen Kapillaren, die das Gewebe mit Blut versorgen. Jedes rote Blutkörperchen ist durch ein negatives elektrisches Feld von seinem Nachbarn getrennt und Niazin sorgt dafür, dass dieses elektrische Feld aufrechterhalten bleibt, wodurch die Sauerstoffversorgung des Körpers sichergestellt wird.

Vitamin B$_{12}$ (Kobalamin) belebt die Funktion des Zentralnervensystems, das für die Kommunikation zwischen Körper und Gehirn sorgt. Besonders reich an Vitamin B$_{12}$ ist Leber, aber auch alle anderen tierischen Produkte, mit Ausnahme der oben erwähnten amerikanischen Hühnchen, enthalten dieses Vitamin.

Folsäure, die am reichhaltigsten in grünem Blattgemüse, vor allem im Kohl, enthalten ist, aber auch in Vollkornweizen, Brauereigerste, Orangen, Rüben, Bohnen, Fleisch und Eiern, hilft bei der Ausbildung der Gene, die die Blaupause jeder Zelle einschließlich der für die Sauerstoffversorgung wichtigen roten Blutkörperchen darstellen.

Pantothensäure brauchen Sie, wenn Sie bei Kälte trainieren, Wettkämpfe absolvieren oder ganz einfach Sport treiben. Pantothensäure findet sich in allen Nahrungsmitteln. Eine Ausnahme stellen allerdings Konserven- und Tiefkühlkost und alle Nahrungsmittel, die mit weißem Mehl hergestellt sind, dar. Weißes Mehl kann bis zu 75% Pantothensäure verlieren.

Cholin und **Inositol** sind zwei Vitamine der B-Gruppe, die im **Lezithin** enthalten sind, eine Substanz, die Bestandteil der Zellwände von Pflanzen und Tieren ist. Cholin und Inositol stellen sicher, dass die Zellen Fett absorbieren, wobei es sich um einen ebenso wichtigen Nährstoff wie Proteine oder Kohlenhydrate handelt.

Vitamin C ist in der Lage, Heroin, Nikotin und Alkohol sowie krebsauslösende Umweltgifte zu entgiften. Ein Gramm Vitamin C alle zwei Stunden heilt Erkältungen. Vitamin C ist ein natürliches Antihistaminikum. Erhöht man die Vitamin-C-Zufuhr einige Tage vor einem Wettkampf in heißer Umgebung, wird man hitzeresistenter und verbessert seine Wettkampfchancen.

Frische Orangen und alle anderen Zitrusfrüchte enthalten viel Vitamin C. Auch Kartoffeln, grüner Pfeffer, Petersilie und Brokkoli sind Vitamin-C-haltig. Tief gekühlte oder in Flaschen abgefüllte Säfte und Kartoffelchips haben allerdings das meiste Vitamin C verloren.

Die weiße Innenhaut von Zitrusfrüchten und der weiße Stamm in einer grünen Pfefferschote enthalten sehr viele **Bioflavinoide**, bei denen es sich um enge Verwandte des Vitamin Cs handelt. Ihre wichtigste Funktion ist die Stärkung der Kapillaren.

Vitamin E absorbiert Calcium und das ist fast alles, was es tut. Da Calcium jedoch die Muskelkontraktion reguliert, könnte das Herz ohne Calcium nicht schlagen. Über die Ernährung wird nur wenig Calcium aufgenommen, es wird vielmehr durch Sonnenlicht synthetisiert. Wenn Sie sich nicht gerade die meiste Zeit über in geschlossenen Räumen aufhalten oder draußen nicht jedes Fleckchen Haut mit Kleidung abdecken, besteht also kein großes Risiko, einen Vitamin-E-Mangel zu erleiden. Vitamin E verbessert auch die Glykogenspeicherung und steigert daher bei Ausdauersportarten die Brennstoffversorgung. Vitamin E schützt auch die Zellen vor Oxidation.

Industriell verarbeitete Nahrungsmittel sind nahezu gänzlich Vitamin-E-arm. Cornflakes haben z.B. 98% dieses Vitamins verloren. Vollkornbrot enthält siebenmal mehr Vitamin E als Weißbrot, brauner Reis weist sechsmal mehr Vitamin E als weißer Reis auf.

Der menschliche Körper enthält etwa 1,3 kg **Calcium**, mehr als von jedem anderen Mineral, und das meiste Calcium ist in den Knochen und Zähnen enthalten. Würden wir jedoch den letzten Rest Calcium aus unserem Kreislaufsystem entfernen, würden unsere Muskeln nicht mehr kontrahieren. Diese lebenswichtige Calciummenge wird so exakt von unseren Systemen reguliert, dass, wenn diese Menge um ein oder oder zwei Mikrogramm sinkt, Calcium sogleich den Knochen entnommen wird, um dieses Defizit auszugleichen. Calcium beeinflusst auch die Muskeln und Nerven. Aus diesem Grund hilft zusätzliches Calcium bei Muskelkrämpfen.

Calciummangel ist die Ursache von Osteoporose, unter der Millionen ältere Menschen, vor allem Frauen, leiden. Calcium sollte daher als Ergänzungsstoff von Mitte 20 an, wenn der Knochenabbau einsetzt, eingenommen werden. Man nimmt an, dass ein Mensch, der so früh mit der Einnahme von Calcium-Ergänzungspräparaten beginnt, im Alter von 70 Jahren noch die Knochenmasse eines Vierzigjährigen haben könnte.

Calcium reduziert bei Sportlern das Risiko von Ermüdungsbrüchen. Die besten Calciumquellen sind Knochenmehl, Hüttenkäse, Schweizer Käse, Joghurt, Sardinen und Lachs, Rübenblätter, Tofu. Eine weitere wichtige Calciumquelle ist Dolomit, weil dieses Kalksteinprodukt exakt die von der Natur vorgesehenen Proportionen an **Magnesium** und Calcium enthält.

Magnesium ist ein natürliches Beruhigungsmittel, hat eine entsprechende Wirkung auf Muskeln und Nerven und trägt zu einem ruhigen Schlaf bei. Magnesium ist auch wichtig für die Verdauung von Eiweißen, Fetten und Kohlenhydraten. Weitere gute Magnesiumquellen nach Dolomit sind Vollkornprodukte, Sojabohnen, Nüsse, grünes, blattreiches Gemüse, Früchte und Sirup.

Sportler, die nicht schwitzen, brauchen kein zusätzliches **Kalium** zuzuführen. Diejenigen, die schwitzen und Salztabletten einnehmen, wovon ich in jedem Fall abrate, brauchen eine doppelte Dosis Kalium. Menschen mit Kaliummangel tragen ein erhöhtes Risiko, einen Hitzschlag zu erleiden. Wichtig ist der Hinweis, dass Salztabletten das Kalium aus dem Körper drängen.

Sie brauchen etwa 2.000 mg **Kochsalz** pro Tag – die Ernährung eines typischen Salzkonsumenten enthält jedoch etwa 10.000-12.000 mg. Dies ist viel zu viel. Füllen Sie Ihren Salzstreuer mit natürlichen Gewürzen und achten Sie auf eine industriell unverarbeitete Kost. Eine derartige Kost enthält eine natürliche Salzmenge und schmeckt besser.

Eisen findet sich als ein Verstärkungsmittel in einer Reihe von Nahrungsmitteln. Die einzige Eisenquelle, die der Körper akzeptiert, ist aber Vitamin C, während andere Zusatz- und Konservierungsstoffe die Eisenabsorption des Körpers blockieren. 1.000 mg Vitamin C im Essen steigern die Eisenabsorption um das Zehnfache.

Fleisch enthält Eisen und unterstützt auch die Absorption des Eisens aus anderen Nahrungsmitteln. Die im Tee enthaltene Gerbsäure sowie Aspirin drängen Eisen aus dem Körper. Dies ist ein Grund, warum der Eisenmangel zu den häufigsten ernährungsbedingten Mangelerscheinungen gehört.

Aber gehen Sie sparsam mit Eisen um, denn es ist möglich, Eisen überzudosieren. Vitamin C sollte als Eisenquelle ausreichen. Zusätzlich sollten Sie vielleicht 20 mg Eisen einnehmen, nicht mehr.

Chrom hilft dem Körper, Insulin einzusetzen, das Hormon, das den Blutzucker- bzw. Glukosegehalt reguliert. Bei unserer normalen Zuckeraufnahme – geschätzte 54 kg pro Jahr – brauchen Sie sehr viel Insulin, um diesen Zucker zu verbrennen. Hier wirkt Chrom unterstützend. Zwei Teelöffel Brauereigerste pro Tag decken den Chrombedarf des Menschen.

Zink spielt bei fast allem, was im menschlichen Körper passiert, eine gewisse Rolle. So ist Zink z.B. unbedingt erforderlich für die sexuelle Reifung, es beschleunigt die Wundheilung, blockiert die Bleiabsorption und schützt vor Kadmium. Muscheln enthalten 100-mal mehr Zink als irgendein anderes Lebensmittel. Verlassen Sie sich jedoch auf rotes Fleisch, Leber, Weizenkeime und Nüsse. Wenn Sie nicht gerade jeden Tag Muscheln essen – und wer tut das schon? – ist ein Zusatz von 20 mg Zink pro Tag ausreichend.

Manche Gegenden in den Vereinigten Staaten sind Herzproblemzonen, in denen mehr Menschen Schlaganfälle erleiden als in anderen Gegenden. Der Grund ist, dass in diesen Gebieten der Boden weniger Selen enthält. **Selen** gilt im Allgemeinen als Mittel zur Krebs- und Schlaganfallprophylaxe. Es ist in Meeresfrüchten, Vollkornprodukten, organischem Fleisch, Brauereigerste, Bohnen, Erbsen, Spinat, Kleie, Rosenkohl und Heidelbeeren enthalten.

12 WORAUF ES BEIM TRAINING ANKOMMT

Werfen wir noch einmal einen Blick auf verschiedene Fragen rund um das Laufen, die immer wieder in Unterhaltungen auftauchen. Es kann sein, dass sie simpel wirken, aber es handelt sich um Fragen, die bei vielen Läufern, vor allem bei denjenigen, die in höherem Lebensalter mit dem Laufen begonnen haben, Verwirrung auslösen können.

Wann sollten Sie mit dem Training beginnen?

Je eher Sie mit Training beginnen, desto besser, vorausgesetzt, Sie sind gesund und leiden nicht an einer Verletzung oder an sonstigen Beschwerden. Inaktivität verbessert den Zustand des Körpers nicht.

Die körperliche Fitness bleibt nicht auf einem bestimmten Niveau bestehen, sondern wird entweder besser oder schlechter. Wenn Sie keinen Sport treiben, werden Sie morgen nicht so fit sein wie heute. Wenn Sie hingegen Sport treiben, können Sie ab und zu das Training ausfallen lassen und trotzdem werden Sie morgen genauso fit sein wie heute.

Kann Training Ihnen früher oder später schaden?

Wenn Sie beim Training darauf achten, dass Sie innerhalb Ihres eigenen Fitnessbereichs bleiben und sich stets nur so belasten, dass Sie den Zustand einer angenehmen Müdigkeit erreichen – wenn Sie also, anders gesagt, aerob trainieren – wird sich Ihr konditioneller Zustand und die Funktion Ihres Stoffwechsels kontinuierlich verbessern.

Der extreme Einsatz anaeroben Trainings oder exzessives Schnelligkeitstraining kann Ihre Gesundheit hingegen beeinträchtigen, weil der dauernd erniedrigte pH-Wert des Blutes einige Ihrer Stoffwechselfunktionen durcheinander bringen kann. Wenn Sie jedoch darauf achten, dass Ihr wöchentliches Training einen hohen Prozentsatz aerober Belastungen aufweist, werden Sie die Leistungsfähigkeit Ihres Herzens immer weiter optimieren. Aerobe Belastungen können ein gesundes Herz nicht schädigen. Im Gegenteil, das Herz wird größer, stärker und effizienter.

Wie oft sollten Sie trainieren?

Je regelmäßiger Sie trainieren, desto besser. Dr. HARTIALIA aus Finnland sagte einmal: „Der Tag, an dem Sie nicht trainieren, kostet Sie zwei weitere Trainingstage, um wieder den Zustand zu erreichen, den Sie vor dem Trainingsausfall aufwiesen." Dies stimmt zwar nicht ganz, birgt jedoch eine gewisse Wahrheit in sich. Sie sollten täglich trainieren, selbst wenn es sich nur um einen kurzen Dauerlauf von 10-15 Minuten Dauer handelt. Dies ist jedenfalls besser, als erschöpfende Trainingseinheiten mit Ruhetagen dazwischen zu absolvieren. Für einen Sportler ist tägliches Training wichtig, um ein gewisses Fitnessniveau beizubehalten und weiter auszubauen.

Bei jungen Menschen müssen psychologische Aspekte berücksichtigt werden, da die meisten nur eine Sportart betreiben möchten. Wenn Sie also als Master den Jungen einen Rat geben wollen, sollten Sie ihnen nicht sagen: „Mache es so, wie ich es mache," sondern Sie sollten sagen: „Mache, was ich sage." Ermuntern Sie die Jugendlichen, spielerisch mit dem Training umzugehen und Ruhetage einzulegen, wenn sie dies wirklich wollen. Wenn junge Sportler einen Plan erhalten, sollten sie bewusst damit umgehen und ihn einhalten. Das Training sollte jedoch nie zu einer Pflicht werden, bei der der Spaß zu kurz kommt.

Sollten man mehr als einmal pro Tag trainieren?

Wenn die Zeit es zulässt, ist es ratsam, zwei oder drei Mal am Tag zu trainieren. Es darf jedoch nicht zu einem Ungleichgewicht zwischen aeroben und anaeroben Belastungen kommen. Haben Sie die notwendige anaerobe Trainingseinheit erst einmal absolviert – vorausgesetzt, in der Trainingsphase, in der Sie sich aktuell befinden, ist überhaupt eine derartige Trainingseinheit enthalten – wird jedes weitere aerobe Training Sie verbessern. Dies trägt zur Entwicklung einer hohen Herzleistungsfähigkeit bei und unterstützt auch die Erholung von dem niedrigen Blut-pH-Wert, der möglicherweise eine Konsequenz des anaeroben Trainings ist. Durch die vorsichtige aerobe Stimulierung der Durchblutung unterstützen Sie Ihren Stoffwechsel bei seiner optimalen Entwicklung.

Andere Aspekte, wie z.B. die beim Training verbrauchte Energie, müssen ebenfalls berücksichtigt werden. Wenn Sie körperlich und psychisch müde sind, kann ein lockerer Dauerlauf im Park Wunder wirken, weil er zu Ihrer Erholung beiträgt und dafür sorgt, dass Sie Ihr Wohlbefinden wiedergewinnen.

Es ist jedoch sehr wichtig, dass Sie darauf achten, dass Sie eine planmäßige Trainingseinheit von zehn oder 15 Kilometern nicht in zwei oder drei Läufe zu je fünf Kilometer aufteilen. Tun Sie genau das, was im Plan steht, alle andere Trainingseinheiten sind Zusatzeinheiten. Denken Sie daran, dass Sie, wenn Sie pfuschen, der Einzige sind, der die negativen Konsequenzen tragen muss.

Wie lange sollten Sie laufen?

Dies ist eine individuelle Frage, die nicht vom Alter, sondern eher von Ihrer körperlichen Fitness abhängt. Junge Läufer können zwei Stunden oder länger ohne Pause laufen. Es ist im Allgemeinen besser zu versuchen, eine bestimmte Zeitdauer statt eine bestimmte Distanz zu laufen. Auf diese Weise vermeiden Sie, sich einem Druck auszusetzen, eine bestimmte Strecke zu bewältigen oder einen Lauf in einem Ermüdungszustand zu beenden.

Wenn Sie eine bestimmte Zeitdauer laufen, sollte es für Sie belanglos sein, wie weit Sie kommen können; lassen Sie sich während des Laufens von Ihren Gefühlen leiten und halten Sie sich in den frühen Phasen des Laufs zurück, um sicherzugehen, dass Sie die festgesetzte Zeitdauer ohne übermäßige Ermüdung bewältigen.

Es ist ratsam, täglich eine gewisse Zeitdauer zu laufen, die Sie bequem bewältigen können. Dann fügen Sie gelegentlich – z.B. zweimal pro Woche – weitere 15 oder 30 Minuten hinzu. Auf diese Weise bauen Sie ganz allmählich Ihre Ausdauer aus, ohne zu ermüden, bevor Sie eine Strecke bewältigt haben. Sie vermeiden auf diese Weise auch, dass Sie sich während einer Trainingseinheit überanstrengen. Es ist das Tempo, dass Sie zum Aufgeben zwingt, nicht die Strecke, die Sie zurücklegen. Wenn Sie langsam genug laufen, werden Sie in der Lage sein, zunehmend längere Strecken leicht zu bewältigen. Laufen Sie also auf Strecke, nicht auf Zeit.

Wo sollten Sie trainieren?

Veränderungen der Szenerie und andere Umgebungen können Sie dazu motivieren, beständiger und besser zu laufen. Daher ist es lohnenswert, von Zeit zu Zeit das Trainingsgelände und die -strecken zu ändern. Sie sollten alle Arten von Terrain häufig nutzen und sich dabei auf das Gelände konzentrieren, in dem Sie während einer Saison häufig laufen werden. So sollten Sie z.B. während der Crosslaufsaison die meisten Trainingseinheiten im Gelände absolvieren.

Wenn Sie jedoch für die Bahn trainieren, ist es ratsam, vor allem das Wiederholungslauftraining, das Sprinttraining und das Techniktraining gerade nicht auf der Bahn zu absolvieren. Dadurch können Sie Ihre Trainingslust erhöhen und Ihr Interesse am Bahntraining, z.B. an Zeitkontrollläufen und Trainingseinheiten, bei denen vorher festgesetzte Zeiten gelaufen werden müssen, wecken. Wenn man zu häufig auf modernen Kunststoffbahnen läuft, kann dies aufgrund des Reboundeffekts bei schnellem Laufen zu müden und übersäuerten Beinen führen.

Für das Konditionstraining, das das Ziel hat, die Sauerstoffaufnahme zu steigern, ist es besser, ein Gelände zu wählen, bei dem eine hohe Bodenhaftung gewährleistet ist. Auf einem derartigen Untergrund können Sie mit hohem aeroben Einsatz laufen, ohne Ihre Beinmuskeln zu schnell zu ermüden. Aus diesem Grund sind Straßen für hohe aerobe Laufumfänge häufig am besten geeignet. Ein weicher, grober oder sandiger Untergrund ermüdet die Muskeln, was dazu führt, dass Sie langsamer werden und damit der Trainingsreiz für Ihr Kreislaufsystem nachlässt.

Wie groß sollte der Umfang Ihres aeroben Trainings sein?

Sie sollten eine anaerobe Trainingseinheit beenden, wenn Sie aufgrund der eingegangenen Sauerstoffschuld müde genug sind. Ein Trainer kann diese Grenze nicht im Voraus festlegen, sondern kann hinsichtlich der vernünftigen Belastung allenfalls einige Ratschläge geben. Sie, der Läufer, müssen entscheiden, wann es Zeit ist aufzuhören, gleichgültig, ob Sie Wiederholungsläufe absolvieren, ein Intervalltraining oder Fahrtspiel durchführen.

Bei welchen Wetterverhältnissen ist es nicht ratsam zu laufen?

Sie können bei extremen Temperaturen zwischen -35°C und +40°C oder höher laufen. Wenn die Temperatur jedoch niedrig ist, ist es wichtig, dass die Luftfeuchtigkeit auch niedrig ist; andernfalls können Ihre Lungen vereisen. In Finnland, wo ich Mitte der 60er Jahre als Trainer arbeitete, betrug die Luftfeuchtigkeit bei tiefen Temperaturen normalerweise 20% oder weniger. Wir konnten daher auch bei diesen Temperaturen locker zwei Stunden laufen.

Wenn die Temperatur hoch ist, sollte die Luftfeuchtigkeit auch hoch sein, damit Ihre Haut schweißnass ist und zur Kühlung des Blutes beitragen kann. Wenn die Luftfeuchtigkeit gering ist, können Sie schnell austrocknen und gezwungen sein, mit dem Training aufzuhören. Denken Sie also daran: Hohe Temperaturen sollten Hand in Hand mit einer hohen, niedrige Temperaturen Hand in Hand mit einer geringen Luftfeuchtigkeit gehen. Bei anderen Kombinationen wird das Training schwierig, unmöglich oder sogar gefährlich.

Achten Sie bei niedrigen Temperaturen auf den Wind; bei starkem Wind kann es bei ungeschützter Haut zu Schäden kommen. Wenn Sie in kaltem Klima trainieren, brauchen Sie eine gute Schutzkleidung. Einige Läufer leiden unter Hyperventilation, weil die Muskeln im Bereich des unteren Brustkorbs, die die Atmung kontrollieren, zu kalt werden, um richtig zu funktionieren. Mit Hilfe von Flanell- oder Wollbinden lassen sich diese Muskeln warm halten.

Bei starkem Regen ist es sinnvoll, wasserdichte Kleidung zu tragen, die den meisten Regen abhält und Sie einigermaßen warm hält. Wenn Ihre Beine leicht kalt werden, sollten Sie sie schützen, indem Sie sie mit Olivenöl einreiben. Dieses Öl hält warm und verbessert die Durchblutung.

1960 hielt der verstorbene Percy CERUTTY, der Trainer von Herb ELLIOTT, Vorträge in Neuseeland und wies darauf hin, dass bis zu diesem Zeitpunkt nur vier Läufer die sechs Meilen unter 28 Minuten gelaufen waren. Er sagte, dass zwei von ihnen Australier seien und dass keiner aus Neuseeland käme. Seine geringschätzige Einstellung ärgerte mich, weil ich wusste, dass Murray HALBERG dies auch schaffen könnte. Er befand sich damals in keinem besonders guten Trainingszustand, aber ich redete mit ihm und er entschloss sich, einen Versuch zu wagen.

Drei Abende später rannte er seine sechs Meilen. Der Abend war kalt und feucht und die Grasbahn war nass und weich. Murray nahm jedoch vor dem Rennen ein heißes Bad und rieb sich mit reichlich Olivenöl ein. Wir packten ihn dann warm ein und brachten ihn zur Bahn. Die Leistung, die er brachte, war, so weit ich weiß, für eine Grasbahn einmalig. Er lief die zweitschnellste Zeit der Welt über sechs Meilen (27:52,2) und die drittschnellsten 10.000 Meter (28:48) und ich bin überzeugt, dass das Olivenöl einen signifikanten Einfluss darauf ausübte, wie gut er mit den schlechten Bedingungen fertig wurde.

Wie lange sollte man zwischen zwei Saisons pausieren?

Es ist klug, nach dem Ende einer Wettkampfsaison mit dem Training fortzufahren, statt ganz auszusetzen. Das Training braucht nicht genau geplant zu werden. Ein täglicher, 15-minütiger leichter Dauerlauf reicht aus, um das allgemeine Konditionsniveau beizubehalten und erleichtert den Wiedereinstieg in das geplante Training. Ihr Leistungsniveau in der nächsten Wettkampfsaison wird durch Ihre aerobe Kapazität gesteuert. Daher ist es wichtig, dass Sie so viel Training zur Verbesserung Ihrer aeroben Kapazität absolvieren wie möglich.

In der Periode zwischen dem Ende der Crosslauf- oder der Bahnlaufsaison und dem Beginn des anaeroben Trainings für die nächste Wettkampfsaison sollten Sie also einen möglichst hohen Trainingsumfang absolvieren. Zwei Wochen mit leichtem Jogging können Sie mental und körperlich auffrischen und werden dazu beitragen, dass Sie Ihre allgemeine Kondition beibehalten und möglicherweise verbessern.

Wie viele Tage pro Woche sollten Sie ruhen und nicht trainieren?

Ausgereifte Sportler sollten täglich trainieren. Einige Trainingstage können jedoch ziemlich locker sein. Wenn Sie an nur sechs Tagen pro Woche trainieren, können Sie nicht hoffen, Konkurrenten zu schlagen, die jeden Tag trainieren. Alle die, die 52 Trainingstage im Jahr verlieren, werden keine optimalen Ergebnisse erzielen. Aber, wie bereits früher erklärt, heißt das nicht, dass Sie sich zum Training zwingen sollten, wenn Ihr Körper aus irgendeinem Grund nicht zum Training bereit ist.

Wie viele Tage sollten Sie sich vor einem Wettkampf ausruhen?

Wenn es sich um wichtige Wettkämpfe handelt, ist es am besten, dass Sie über das Versuch-und-Irrtum-Prinzip herausfinden, wie viele Tage Ruhe oder Erholung Sie vor einem Wettkampf benötigen. Einige Sportler bringen bessere Wettkampfleistungen, wenn sie zehn Tage lang leicht trainieren und dann an den beiden Tagen unmittelbar vor dem Wettkampf gar nicht trainieren. Andere hingegen finden es besser, wenn sie nicht pausieren und sogar am Morgen vor dem Rennen leicht joggen oder einige schnelle Steigerungsläufe machen. Was auch immer Sie tun, Sie sollten auf jeden Fall daran denken, dass hartes Training während der letzten Tage vor dem Rennen Ihre Leistung nur verschlechtern kann. Aber leichtes Jogging trägt normalerweise dazu bei, dass Ihr Verdauungssystem optimal funktioniert, und hat einen positiven Einfluss auf Ihr Stoffwechselsystem, weil es einen Kreislaufreiz darstellt.

Wie hoch sollte der Gesamtumfang des anaeroben Trainings sein?

Um optimale Ergebnisse zu erzielen, muss ein Läufer versuchen, eine maximale anaerobe Kapazität zu entwickeln. Dies bedeutet, dass er in der Lage ist, eine Sauerstoffschuld von 15-18 Litern auszuhalten. Ich habe gezeigt, dass es möglich ist, eine derart hohe anaerobe Kapazität innerhalb von vier Wochen zu entwickeln, indem man an jeden zweiten Tag ein harte anaerobe Trainingseinheit absolviert, wobei man an den Zwischentagen nur läuft, um sich zu erholen. Vor dieser Periode sollte man vier Wochen lang einige anaerobe Laufeinheiten einbauen. Diese sollten aus 50- bis 200-Meter-Sprints bestehen, die in Serien von drei bis vier Läufen drei- oder viermal täglich dreimal in der Woche absolviert werden. Dieser Abschnitt stellt die Übergangsperiode vom langsameren aeroben Training zum intensiven anaeroben Training dar.

In der ehemaligen DDR wurde das harte anaerobe Training fünf Wochen lang durchgeführt, aber mein System aus drei intensiven Tagen pro Woche über einen Zeitraum von vier Wochen bringt Sie am dichtesten an Ihre maximale anaerobe Kapazität heran. Ohne die Unterstützung von Physiologen können Sie normalerweise anhand Ihres Gefühls feststellen, ob das Training Sie erschöpft. Wenn dies der Fall sein sollte, sollten Sie das schnelle und umfangreiche anaerobe Training herunterschrauben und stattdessen schnelle Windsprints über 50 oder 100 Meter absolvieren und zusätzlich einige Rennen und Fahrtspieleinheiten durchführen. Sie sollten eigentlich imstande sein, ein derartiges Training ohne Probleme zu absolvieren.

Es ist besonders wichtig, dass man diesen Trainingsabschnitt genau steuert, denn es ist schwierig, genau zu bestimmen, welcher Trainingsumfang und welche Trainingsintensität am erfolgreichsten ist, weil jeder anders auf ein derartiges Training reagiert. Richten Sie sich nach Ihren subjektiven Reaktionen – hören Sie auf Ihren Körper – und passen Sie Ihr Training Ihrem Gefühl an. Denken Sie jedoch stets daran, dass auf harte anaerobe Trainingseinheiten eine Erholungszeit vor der nächsten anaeroben Einheit folgen muss. Nur so können Sie ein zu tiefes Abfallen Ihres Blut-pH-Wertes und die damit verbundene erschwerte Erholung vermeiden.

Sollten Sie im Training die Zeit Ihrer Läufe messen?

Es zahlt sich aus, wenn Sie bei einigen Ihrer Trainingsläufe, aber nicht bei allen, die Zeit nehmen. Um ein gutes Zeitgefühl zu entwickeln, sollten Sie sich die Zeiten zurufen lassen oder alle 100, 200 und 400 Meter sollte jemand mit einer Trillerpfeife ein Signal geben, bis Sie die Fähigkeit entwickeln, die Zeit richtig einzuschätzen. Mit Übung können Sie diese Fähigkeit bis zu einem bemerkenswerten Grad perfektionieren.

Andererseits bin ich der Meinung, dass ein zu häufiger Einsatz der Uhr im Training negative Auswirkungen haben kann, denn auf diese Weise setzt sich der Läufer einem zu großen Druck aus, eine bestimmte Belastung exakt beizubehalten. Dies betrifft insbesondere anaerobe Wiederholungsläufe und Intervalltraining, Abschnitte, auf die zu viele einen zu großen Schwerpunkt legen. Wenn Sie sich so belasten, dass Sie zufrieden sind, erreichen Sie die gewünschten Ergebnisse. Bei Zeitkontrollläufen und Läufen, bei denen es auf eine gleichmäßige Belastung ankommt, ist es allerdings sinnvoll, die Uhr einzusetzen. Es ist also alles eine Frage des Trainings, dass Sie absolvieren und wie viel Kontrolle Sie benötigen. Sie sollten nur darauf achten, dass Sie kein Gefangener oder Sklave der Stoppuhr werden.

Bevor Richard TAYLER die internationale Läuferszene mit seinem Sieg über 10.000 Meter bei den Commonwealth-Spielen 1974 in Neuseeland in Erstaunen versetzte, trainierten er und ich in einer örtlichen Schule. Der Schultrainer und seine Sportler wollten wissen, in welcher Zeit TAYLER seine 400-Meter-Wiederholungsläufe absolvierte und wie viele er laufen wollte.

Ich sagte: „Weder er noch ich wissen dies. Es wäre sogar egal, wenn die einzelnen Strecken noch nicht einmal genau 400 Meter lang wären. So lange er nach dem Training ermüdet ist, ohne erschöpft zu sein – und er wird nicht aufhören, ehe er müde ist –, wird er die von mir beabsichtigten physiologischen Reaktionen hervorrufen."

Kein Trainer in der Welt kann genau sagen, was ein Sportler im Hinblick auf die Zeiten der Wiederholungsläufe, die Strecken der Läufe, Intervalle und ihre Anzahl tun sollte, und auch ein Physiologe ist hier überfragt. Was für Sie als Sportler wichtig ist, dass Sie wissen, was Sie erreichen wollen. Wenn Sie dies wissen, brauchen Sie nur noch rauszugehen und es zu tun. Ich glaube, dass Mastersportler aufgrund ihrer Erfahrung und Lebensreife mit dieser Vorgehensweise keine Probleme haben sollten.

Was ist der Sinn und Zweck von Zeitkontrollläufen?

Das Wort ‚Zeitkontrolllauf' vermittelt vielleicht einen falschen Eindruck vom Zweck dieser Läufe. Grundsätzlich dienen sie dazu, die Koordination für Rennen über bestimmte Strecken zu entwickeln und Schwächen herauszufinden und entsprechende Trainingsmaßnahmen zu ergreifen, um diese Schwächen zu beseitigen. Zeitkontrollläufe sollten nicht mit maximalem Einsatz gelaufen werden, sondern mit einem hohen, gleichmäßigen Einsatz, der Ihnen am Ende noch Reserven lässt.

Legen Sie keinen zu großen Schwerpunkt auf die Zeiten bei Zeitkontrollläufen. Wichtigere Faktoren sind vielmehr die Auswirkungen von Unregelmäßigkeiten in

Ihrem Lauf. Analysieren Sie die Rundenzeiten, um herauszufinden, ob es in bestimmten Abschnitten des Testlaufs Unregelmäßigkeiten in Ihrem Tempo gibt. Wenn Sie sich zu sehr mit der Zeit beschäftigen, besteht die Gefahr, dass Sie das Vertrauen in Ihr Potenzial verlieren. Denken Sie daran, dass Sie, wenn Sie Zeitkontrollläufe absolvieren, immer noch hart trainieren, folglich also gute Zeiten nicht immer erwartet werden können. Sie können nicht hart trainieren und gleichzeitig gute Leistungen bringen.

Gibt es einen Unterschied zwischen körperlicher und biologischer Fitness?

Die Antwort auf diese Frage lautet ‚Ja' und ich gebe diese Frage weiter an Dr. J. C. FITZHERBERT aus Wollongong, Australien, der vor vielen Jahren den guten Langstreckler Dave POWER behandelte, der ins Krankenhaus eingeliefert wurde wegen Problemen, die anscheinend mit seinen zu hohen Trainings- und Wettkampfbelastungen zusammenhingen. Dr. FITZHERBERT sagte, es sei möglich, einen Unterschied zwischen den beiden Formen der Fitness zu machen. Idealerweise sollten sie zusammenfallen und normalerweise sei dies auch der Fall; es gäbe jedoch Umstände, unter denen biologische Unfitness zu strukturellen Veränderungen führen könnte.

„Es scheint keinen Zweifel zu geben", schrieb Dr. FITZHERBERT, „dass Hochleistungssportler den wichtigen Auswirkungen eines Mangels an wesentlichen Spurenelementen nur wenig Aufmerksamkeit widmen. Es hat sich herausgestellt, dass Hochleistungssportler nicht nur Salz, sondern auch große Mengen Zink und Magnesium verlieren. Der Verlust dieser Spurenelemente, der zu subtilen Veränderungen der Körperphysiologie und Biochemie führt, kann durch die Ernährung der Sportler verschlimmert werden, vor allem, wenn es sich um eine eiweißreiche Ernährung handelt, die zu einem größeren Bedarf an diesen essenziellen Spurenelementen führt.

Der Ersatz der essenziellen Spurenelemente wird dadurch noch erschwert, dass viele von ihnen in zu geringer Konzentration im Boden und damit in der Nahrung, die die Sportler zu sich nehmen, vorkommen. Neben der Prävention von Veränderungen der Physiologie und Biochemie kann ein Mangel an diesen Mineralien im Verlaufe mehrerer Jahre die Spannkraft des Kollagengewebes verringern. Dies ist die Ursache der nicht seltenen Zusammenbrüche von Sportlern, manchmal genau dann, wenn sie den Höhepunkt ihrer körperlichen Leistungsfähigkeit erreicht haben.

Die Menge an Zink, die Hochleistungssportler während des Trainings und bei Wettkämpfen verlieren, kann nicht durch die Ernährung kompensiert werden und ihr Bedarf könnte möglicherweise zwei- oder dreimal so hoch wie der normale Bedarf sein."

Dies sollte ausreichen, damit Sie noch einmal kurz zu dem Kapitel über Mineralien und Vitamine zurückblättern und noch einmal genau studieren, was der menschliche Körper braucht, wenn er sich der Belastung eines konsequenten Trainingsprogramms aussetzt.

13 RENNTAKTIK

Laufen Sie einmal mit einer Gruppe von Joggern oder Volksläufern mit. Das Erste, das Sie wahrscheinlich feststellen werden, ist ein spürbares Wettkampfelement. Idealerweise sollten sich alle damit zufrieden geben, im Tempo des Langsamsten zu laufen, sodass jeder profitiert und niemand überlastet wird. Aber die menschliche Natur kommt immer dazwischen. Dieser Wettkampfinstinkt entsteht entweder als Wunsch, die eigenen Grenzen auszuloten oder sich mit den Kameraden zu messen, um herauszufinden, wer der Bessere ist.

Daran ist nichts verkehrt. Es ist sogar der Grund dafür, dass sich in so vielen Sportarten weltweit Masterklassen entwickelt haben.

Ein anderer Aspekt des Wettkampfs von Joggern untereinander sind die unvermeidlichen freundschaftlichen Sticheleien und Taktiken, die darauf abzielen, die Rivalen zu narren und ihnen davonzulaufen. Werfen wir also einen Blick auf die taktische Seite des wettkampfmäßig betriebenen Laufens in der Masterklasse.

Der Mittel- und Langstreckenlauf wird von mehreren Elementen beherrscht, von denen alle als taktisch bezeichnet werden können. Zu diesen Elementen gehören die Grundfähigkeiten und die Entwicklung des Sportlers, seine Grundschnelligkeit oder Sprintfähigkeit, seine Ausdauer sowie die Fähigkeiten,
* ein schnelles, gleichmäßiges Tempo beizubehalten.
* das Tempo in einem Rennen zu variieren.
* die bestgeeignete Distanz für einen Endspurt zu wählen.
* während eines Rennens Kontrolle über sich selbst und die anderen Läufer auszuüben.
* die Fähigkeiten der Konkurrenten zu berücksichtigen und in die eigene Rennstrategie einzubeziehen.
* die Stärken und Schwächen der Konkurrenten wahrzunehmen und richtig einzuschätzen.
* die eigenen Stärken und Schwächen zu erkennen.
* die eigenen Stärken und Schwächen in Bezug zu den Stärken und Schwächen der Gegner zu setzen.
* die Fähigkeit, das Tempo richtig einzuschätzen.

Sie müssen immer realistisch sein und Ihre Grenzen beim Rennen über unterschiedliche Distanzen erkennen. Von den genannten Fähigkeiten ist die Grundschnelligkeit besonders wichtig. Einige Läufer haben hinsichtlich dieses Punkts einen Nachteil, weil sie über eine nicht ausreichende Grundschnelligkeit verfügen und daher in den meisten Rennen von Anfang an auf das Tempo drücken müssen, um ihre Gegner frühzeitig ‚tot' zu laufen. Sie haben Angst vor schnellen Endspurts und müssen hart arbeiten, um diesen Schlussspurt aus ihren Berechnungen auszuscheiden. Oft gelingt dies, aber es gibt Ausnahmen. So können z.B. bei starkem Gegenwind schnelle Läufer sich an den Läufer, der das Tempo macht, klemmen und einfach darauf warten, dass dieser dem Wind Tribut zollen muss. Genau in dem Moment, in dem der führende Läufer aufgrund des Gegenwinds erschöpft ist, setzen sie ihren Schlussspurt an. In einer derartigen Situation ist es unklug, die ganze Zeit über das Tempo zu machen. Es ist besser, etwa 500 Meter vor dem Ziel das Tempo anzuziehen, was weit genug ist, um die Ausdauer der Gegner auf die Probe zu stellen und sie für den Schlussspurt zu schwächen. Es gilt, hier das feine Gleichgewicht zu wahren, sodass Sie sich nicht selbst alle Energie nehmen. Probieren Sie verschiedene Distanzen aus, um die beste Distanz herauszufinden, von der aus Sie Ihren Schlussspurt beginnen können.

Einige Läufer sind in der Lage, sehr schnell das Tempo zu erhöhen, andere können ihr Tempo nur allmählich erhöhen. Wenn Sie schnell antreten können, ist es o.k., wenn Sie sich im Moment des Antritts nahe an der Spitze befinden. Wenn Sie über keinen schnellen Antritt verfügen, ist es klüger, sich einige Meter hinter der Spitze zu halten, wodurch Sie sich selbst eine gewisse Anlaufstrecke verschaffen, ehe Sie die führenden Läufer überholen. Wenn Sie dies nicht tun, werden Sie die von Ihnen überholten Läufer mitziehen, weil Sie Ihr Überraschungselement verspielt haben. In derartigen Situationen müssen Sie Ihre Gegner wirklich kennen, vor allem müssen Sie diejenigen kennen, die über einen schnellen Antritt verfügen, und die daher Ihre langsame Temposteigerung mitmachen und sich dann von Ihnen lösen können. Die Versuch-und-Irrtum-Methode wird Ihnen zeigen, welche Spurtdistanz für Sie am besten ist.

Läufer mit ungenügender Ausdauer übernehmen gerne die Führung, um das Tempo zu drosseln. Hin und wieder funktioniert diese Taktik. In der Regel jedoch realisieren die anderen Läufer schon bald, was geschieht und überholen den langsamen Führungsläufer. Was dann passiert, ist, dass dieser erneut versucht, die Spitze zu übernehmen und das Rennen zu verlangsamen. Dies führt zu einer Serie von Sprints und Antritten. Derjenige, der am meisten unter dieser Situation leidet, ist der Läufer mit zu geringer Ausdauer, der eigentlich versucht, das Rennen zu kontrollieren.

Die beste Maßnahme für diesen Läufertyp ist das Beibehalten einer Innenposition auf der Bahn oder Straße, wobei er so wenig Boden macht und so viel Windschatten nutzt, wie möglich, und hofft, dass das Tempo nicht zu hoch ist. Indem man sich an den führenden Läufer hängt, kontrolliert man das Tempo wahrscheinlich besser als dadurch, dass man an der Spitze läuft. Führende Läufer werden häufig von Zweifeln geplagt: Kann ich das Tempo aufrechterhalten? Wie gut ist der Läufer, der mir auf der Pelle sitzt? Wäre es nicht besser, wenn ich mich einen Moment lang zurückfallen ließe? Diese Zweifel führen zu einer nervösen Spannung, wodurch der Läufer verkrampfen kann. Wenn der gefürchtete – und mittlerweile erwartete Angriff erfolgt – fehlt den führenden Läufern oft die Möglichkeit, sofort und positiv zu reagieren und sie lassen das Feld passieren.

Nur wenige wichtige internationale Rennen werden von der Spitze weg gewonnen, es sei denn, es handelt sich um Läufer, die sich ihrer Überlegenheit so bewusst sind, dass sie nichts und niemanden fürchten.

Wenn das Tempo einigermaßen hoch ist, sollten Sie sich zurückhalten und vermeiden, Ihren Spurt zu früh anzusetzen. Wenige Masterläufer können zwei oder mehr Spurts über mehr als 100 Meter in ein und demselben Rennen durchführen. Sparen Sie also Ihre Energie, sowohl in psychischer als auch körperlicher Hinsicht, für den alles entscheidenden Schlussspurt, in dem Sie sich leisten können, alles zu geben.

Die Taktik hat sich im Verlauf der Jahre geändert, denn immer mehr Läufer haben ihre Ausdauer auf ein Niveau entwickelt, das früher nur wenigen vorbehalten war. So bestand beispielsweise die Taktik des großen russischen Läufers KUTS darin, seine Gegner in einem 5.000-Meter-Rennen durch eine Serie von eingestreuten Windsprints über jeweils 50 Meter zu zermürben. Heute könnte man mit einer derartigen Taktik noch immer einige Läufer abschütteln, die Mehrheit jedoch würde diese Zwischenspurts ebenso gut verkraften wie derjenige, der sie eigentlich einsetzt.

Die Taktik eines guten Rennens beginnt mit dem Startschuss, denn in dieser Phase des Rennens sind Tempogefühl und Selbstkontrolle von entscheidender Bedeutung. Zu häufig starten Läufer mit einem zu hohen, ihren eigentlichen Fähigkeiten eigentlich nicht angemessenen Tempo, ganz einfach, weil ein anderer Läufer dies auch tut und sie selbst dumm genug sind, ihm zu folgen. Sie vergessen einfach, dass Rennen am Ende und nicht zu Beginn gewonnen werden. Sie gehen zu früh eine Sauerstoffschuld ein und zahlen nachher den Preis dafür.

Nirgendwo passiert dieser Fehler so häufig wie bei Marathonläufen mit Massenstarts. Die Spitzenläufer laufen als Erste los und finden ihren Rhythmus, während die übrigen Läufer minutenlang nur im Gehtempo vorankommen, bevor sich das Feld auch für sie genug öffnet, um wirklich frei laufen zu können. Angesichts der Tatsache, dass nahezu der gesamte erste Kilometer für sie kaum mehr als ein Spaziergang war, versuchen sie jetzt, die verlorene Zeit wieder gutzumachen und schlagen ein schnelleres Tempo ein, als sie eigentlich für diesen Rennabschnitt beabsichtigt haben. Einmal mehr wurden die grundlegenden Prinzipien der Selbstdisziplin, der Geduld und der Tempokontrolle aufgrund unbegründeter Panik aufgegeben und die negativen Auswirkungen beginnen sich ab der Hälfte der Strecke einzustellen. Der Läufer bemerkt plötzlich, dass er bereits an seine Reserven gehen muss oder Beschwerden bekommt, zu denen es eigentlich für mindestens zehn oder 15 weitere Kilometer nicht kommen dürfte.

Das Gleiche ist der Fall beim Marathonläufer, der von Läufern überholt wird, die älter als er selbst wirken. Der Überholte hält dies für einen Affront und eine Verletzung seiner Würde und er beschleunigt das Tempo, um mit seinem Konkurrenten Schritt zu halten. Es könnte jedoch durchaus sein, dass dieser vermeintlich schnellere Konkurrent bereits selbst zu schnell läuft und in dieselbe Falle gegangen ist. Der überholte Läufer muss dann später realisieren, dass es viel klüger gewesen wäre, wenn er sein auf ihn abgestimmtes Tempo beibehalten und einige Kilometer weiter das Vergnügen gehabt hätte, denjenigen, der ihn überholt hat, selbst wieder zu überholen.

Wenn Sie nicht gerade in Ihrer Altersklasse ein Spitzenläufer sind, sollte Ihr erster und einziger Rivale in einem Marathonrennen Sie selbst sein, zumindest bis das Rennen sich dem Ziel nähert und Sie sich so gut und selbstbewusst fühlen, dass Sie es riskieren können, einige der Läufer vor Ihnen noch zu überholen.

Wenn Sie über eine gut entwickelte Ausdauer verfügen und diese auch einsetzen müssen, um zu gewinnen, ist es über die kürzeren Distanzen manchmal lohnenswert, bereits zu Beginn ein hohes Tempo einzuschlagen. Allerdings darf dann der Wind nicht zu stark sein und es muss ein Anlass zu der Hoffnung bestehen, dass die schnelleren Läufer verrückt genug sind, um Ihnen zu folgen. Wenn sie über große Erfahrung verfügen, werden sie dies vermutlich nicht tun; sie werden sich zurückhalten und sich darauf verlassen, dass sie in der Endphase des Rennens ihre überlegene Schnelligkeit einsetzen können, um Sie noch zu kriegen. Ihre einzige Chance ist dann, dass Sie in der Lage sind, noch einmal Luft zu holen, ohne eingeholt zu werden, und dann das Tempo wieder erhöhen können.

Angesichts der großen Felder bei Masterrennen ist es nicht leicht, die Gegner kennen zu lernen. Machen Sie sich daher Notizen über das, was Ihnen auffällt, um später darauf zurückgreifen zu können. Dies alles gehört zum Spaß und zur Aufregung der Jagd.

Denken Sie stets daran, dass der kürzeste Weg zum Ziel die Innenbahn ist oder in Straßen- oder Crossrennen der innere Rand der Kurven und Ecken. Jedes Mal, wenn Sie in Kurven und bei Abbiegungen außen laufen, verlängern Sie die Strecke, die Sie zurücklegen. Sie sollten nur außen laufen, wenn Sie andere Läufer überholen oder in der Absicht, sich selbst für den Endspurt zu positionieren.

Bei 800-Meter-Rennen werden die ersten 300 Meter in Bahnen gelaufen, bevor die außen platzierten Läufer quer über die gesamte Bahn zur Innenbahn schneiden. Sie verlieren dabei sechs oder mehr Meter. Was sie tun sollten, ist, sich an der weit entfernten inneren Ecke zu orientieren und direkt darauf zuzulaufen. Dadurch sparen sie sich die sechs Meter für das Ende des Rennens auf.

Läufer treten häufig aus Positionen in der Mitte des Feldes an, hängen sich an einen anderen Läufer an und lassen sich dann wieder zurückfallen. Dies ist vergeudete Energie. Jede Bewegung, die Sie machen, sollte irgendeinem Zweck dienen, und wenn Sie das damit verbundene Ziel erreicht haben, sollten Sie diesen Vorteil nicht wieder aufgeben.

Die Laufgeschichte ist voll von Läufern, die eigentlich besser hätten laufen müssen, und all ihre Geschichten liefern demjenigen, der etwas über Taktik lernen will, wichtige Informationen. Jedes Mal, wenn Sie ein Rennen beenden, sollten Sie analysieren, was Sie falsch und was Sie richtig gemacht haben. Es ist besonders wichtig, darüber nachzudenken, ob Sie entsprechend dem Plan gelaufen sind, den Sie vor Ihrem Rennen hatten. Wenn dieser Plan nicht funktioniert hat, müssen Sie versuchen herauszufinden, warum er nicht funktioniert hat.

Ein klassisches Beispiel, wie man seine Gegner narrt, war das Hindernisrennen bei den Olympischen Spielen 1964 in Tokio, das der Belgier Gaston ROELANTS gewann. ROELANTS war dafür bekannt, dass er schnell startete und seine Konkurrenten bereits früh in Grund und Boden rannte. Im Halbfinale wirkte ROELANTS jedoch müde und sah längst nicht so fit wie sonst aus.

Als sich zwei Tage später die Endlaufteilnehmer an der Startlinie aufstellten und der Startschuss erfolgte, übernahm ROELANTS nicht wie gewöhnlich und erwartet die Führung. Ganz offensichtlich fühlten sich die anderen Läufer dadurch irritiert und wussten nicht, wie sie reagieren sollten. Anstelle des schnellen Anfangstempos zockelte jeder daher. Niemand war darauf vorbereitet, das Tempo anzuziehen.

1.000 Meter vor dem Ziel übernahm ROELANTS plötzlich die Führung und lief so, wie er normalerweise zu Beginn eines Rennens lief. Die übrigen Läufer waren völlig überrascht und erlaubten ihm, einen guten Vorsprung zu erlaufen, den er bis zum Ziel halten konnte.

Es schien mir, als ob ROELANTS sich bewusst war, dass er müde geworden wäre, wenn er so schnell wie immer angelaufen wäre, um es den anderen Läufer schwer zu machen. Aber er kalkulierte, dass er in der Lage wäre, selbst ein schnelles Tempo über die ersten 2.000 Meter mitzugehen und er plante also, erst ab der 2.000-Meter-Marke sein gewohntes Rennen von der Spitze durchzuführen. Seine Gegner waren auf diesen Taktikwechsel weder gefasst noch konnten sie darauf reagieren.

Als Murray HALBERG das 5.000-Meter-Finale bei den Olympischen Spielen 1960 in Rom erreichte, wussten wir aufgrund der Beobachtung seiner Gegner, dass er nur eine Möglichkeit hatte, dieses Rennen zu gewinnen – indem er drei Runden vor Schluss versuchte, das Feld auseinander zu reißen und den erlaufenen Vorsprung bis zum Ziel zu halten.

Diese Theorie basierte auf einer Entdeckung, die ich während der ersten Jahre, als ich mein System entwickelte, gemacht hatte: Wenn man sich auf die 5.000 Meter vorbereitet, indem man 10.000 und 1.500 Meter läuft, bedeutet dies nicht notwendigerweise, dass man ein gutes 5.000-Meter-Rennen laufen kann. Man muss sich an das Tempo gewöhnen, dass in einem 5.000-Meter-Rennen typischerweise gelaufen wird. Dies ist auch der Grund, warum ich in meinen Plänen Zeitkontrollläufe einsetze. Die meisten 5.000-Meter-Läufer gehören einem der folgenden Typen an: der natürliche 1.500-Meter-Läufer oder der 10.000-Meter-Läufer. Dem 1.500-Meter-Läufer macht ein hohes Anfangstempo nichts aus und bei der nervösen Anspannung, die für ein wichtiges Rennen typisch ist, neigt er dazu, zu schnell anzugehen. Etwa zwischen 2.800 und 3.500 Meter beginnt er jedoch, müde zu werden. Dem 10.000-Meter-Läufer, der ein Stehertyp ist, fällt es schwer, ein hohes Anfangstempo mitzugehen. In dem Moment jedoch, in dem der 1.500-Meter-Läufer beginnt, müde zu werden, fragt er sich, ob er dieses Tempo bis zum Ziel halten kann.

In den meisten 5.000-Meter-Rennen gibt es also einen Moment der Unentschlossenheit und des Widerstrebens. Das Tempo wird verschleppt und geht zurück; niemand außer einem trainierten und aufmerksamen 5.000-Meter-Läufer wie HALBERG ist darauf vorbereitet, das Tempo anzuziehen. Gerade dieser Moment des Zögerns ist jedoch der psychologisch richtige Moment anzugreifen und aus diesem Grunde lief HALBERG los. Aufmerksame Trainer und Läufer hätten dies vorausehen müssen, weil HALBERG dieselbe Taktik auch beim Rennen über drei Meilen bei den Commonwealth-Spielen in Cardiff zwei Jahre zuvor angewandt hatte.

Als ich zum letzten Mal neuseeländischer Marathonmeister in Auckland wurde, setzte ich das Wetter taktisch ein, um meine Gegner zu schlagen. Der Favorit, Bill RICHARDS, kam aus der viel kühleren südlichen Stadt Christchurch und am Tage des Rennens herrschte in Auckland die für diese Stadt typische hohe Luftfeuchtigkeit.

Dies war im Jahr 1955 und RICHARDS war 2:30 gelaufen, was in jenen Tagen eine sehr gute Zeit war. RICHARDS war voller Selbstvertrauen, aber ich rechnete damit, dass ihm die Hitze in Auckland zu schaffen machen würde, wenn ich eine entsprechende Taktik wählen würde. Ich drückte also drei oder vier Meilen lang auf das Tempo und zog das Feld hinter mir her. Dann ließ ich mich wieder zurückfallen. Meine Rechnung ging auf. Als noch etwa zehn Kilometer zu laufen waren, lag ich an siebter Stelle und RICHARDS lief etwa 1.600 Meter vor mir. Ich war jedoch frischer als er und war imstande, die letzte Meile in fünf Minuten zu laufen, während er acht Minuten brauchte. Ich überholte ihn und beendete die letzte Runde, als er sie gerade erst begann. Das hohe Anfangstempo hatte seine Reserven aufgebraucht und die Hitze und hohe Luftfeuchtigkeit hatten ihm dann den Rest gegeben.

Dieses Beispiel enthält eine weitere Lektion. Wenn Sie Selbstvertrauen haben, sind Sie schwieriger zu schlagen. Behalten Sie aber diese Information für sich. Versuchen Sie, Ihre Gegner zu überraschen; sagen Sie ihnen nicht, was sie erwartet, anderenfalls könnten Ihre Gegner sich vor dem Startschuss noch eine Gegentaktik ausdenken.

Vor dem 10.000-Meter-Rennen bei den Commonwealth-Spielen von 1974 in Christchurch konzentrierte sich die gesamte Aufmerksamkeit auf den großen Dave BEDFORD aus Großbritannien, der in jener Saison der Star über diese Distanz war.

Mein Läufer, Richard TAYLER, hatte einen 10.000-Meter-Bestzeit von nur 28:24, er hatte jedoch gerade erst einen 5.000-Meter-Testlauf locker in 13:40 bewältigt und es war uns offensichtlich, dass es schwierig sein würde, ihn zu schlagen. Er konnte 2:15 über die Marathondistanz laufen und auch unter vier Minuten über die Meile. Er verfügte also sowohl über Schnelligkeit als auch über Ausdauer. Wir behielten jedoch die Information über den Zeitkontrolllauf und den Rest der Theorie für uns und ließen BEDFORD im Ungewissen.

Da wir wussten, dass BEDFORD gerne von der Spitze weg lief und dass die Afrikaner im Feld wahrscheinlich auch an der Spitze laufen würden, ging ich davon aus, dass es zu Rempeleien kommen würde. Ich riet TAYLER also, sich zurückzuhalten und zu warten, bis das Feld sich beruhigt hatte und einige der Spitzenläufer dem Tempo Tribut gezollt hatten.

BEDFORD und der andere britische Läufer, BLACK, gerieten mit den Afrikanern aneinander, wobei BLACK einige herbe Stöße abbekam, was jedoch BEDFORD mehr zu ärgern schien als BLACK selbst. An der 5.000-Meter-Marke lief Tayler ungefähr 60 Sekunden hinter den führenden Läufern. Es sah so aus, als könnte er nicht mehr in das Ergebnis des Rennens eingreifen, als jedoch viele Läufer dem frühen Tempo Tribut zollen mussten, schloss er langsam zu den Führenden auf. Zwei Runden vor dem Ziel hatten BEDFORD und die anderen alle ihre Kräfte verbraucht und BLACK trat plötzlich an.

Es lief perfekt. TAYLER hatte noch mehr Schnelligkeitsreserven als BLACK und verfügte ebenfalls über eine hohe Ausdauer – nach einem langen Spurt über die letzten 300 Meter schlug er BLACK mit 60 Meter Vorsprung und stellte mit 27:46 einen neuen Commonwealth-Rekord auf, was gleichzeitig eine Verbesserung seiner persönlichen Bestzeit um etwa 40 Sekunden bedeutete.

Bei den Olympischen Spielen 1964 in Tokio standen zwei meiner Läufer im Finale über 1.500 Meter. SNELL hatte bereits zum zweiten Mal Gold über 800 Meter gewonnen und war heißer Favorit für einen erneuten Sieg. Wir argumentierten, dass DAVIES sich nicht platzieren könnte, wenn es zu einem Sprintfinish kommen würde, weil er nicht schnell genug war. Es waren viele Läufer im Feld, die schneller waren als er.

DAVIES hatte im Halbfinale etwa 250 Meter vor dem Ziel einen Endspurt versucht und hatte mich damit fast zu einem Herzinfarkt getrieben, weil alle anderen die gleiche Idee hatten und er in der letzten Kurve auf Bahn vier lief und auf diese Weise versuchte, viel schnellere Läufer im Spurt zu schlagen.

Irgendwie war es ihm trotzdem gelungen, den vierten Platz zu belegen und sich damit zu qualifizieren. Wir wollten jedoch, dass so etwas nicht wieder passieren würde, und entschlossen uns daher, dass DAVIES zwei Runden vor Schluss das Tempo übernehmen und SNELL sich an ihn hängen sollte. DAVIES war ein Läufer mit langem Schritt und es würde schwierig sein, ihn zu überholen. Jeder, der dies versuchte, würde gezwungen sein, zwei oder drei Bahnen nach außen zu gehen.

Zunächst geschah alles so, als wenn wir den anderen gesagt hätten, was sie machen sollten. Wie wir erwartet hatten, führte der Franzose Michell BERNARD und DAVIES hängte sich an den gefährlichen Amerikaner Dyrol BURLESON. Alle drei liefen vor dem Feld. Nach 700 Metern begann BERNARD, wie erwartet, Schwächen zu zeigen und DAVIES übernahm schnell die Führung. Bevor SNELL jedoch außen aufschließen konnte, nahm ein anderer Läufer den Platz ein, den wir eigentlich für SNELL reserviert hatten.

250 Meter vor dem Ziel war SNELL eingeschlossen. Er hätte sich zurückfallen lassen und um das Feld herumlaufen sollen, wie er es im Halbfinale gemacht hatte. Stattdessen streckte er jedoch seinen rechten Arm aus wie ein Verkehrssignal und

der Engländer John WHETTON machte ihm zuvorkommend Platz. SNELL war auf und davon und DAVIES sprintete ebenfalls so schnell er konnte. Als es auf die Zielgerade ging, lief WHETTON um DAVIES herum, wodurch dieser gewungen war, seinen Kurs zu ändern und sein Tempo geringfügig zu verlangsamen. Dies reichte aus, um dem Tschechen Josef ODLOZIL die Gelegenheit zu geben, ihn mit einer Sekunde Vorsprung auf den dritten Platz zu verweisen.

Diese Taktik funktionierte, weil wir sowohl die gegnerischen Läufer als auch ihr Training kannten. BERNARD stellte z.B. nie eine wirkliche Gefahr dar, weil er nach der Intervallmethode trainierte, und wir wussten genau, dass er drei harte Rennen nicht so gut wie meine Läufer verkraften würde. SNELL rannte die letzte Runde in 53,2 Sekunden und die letzten 300 Meter in 38,6.

Seien Sie in Bahnrennen vorsichtig. Überholen Sie andere Läufer nur auf den Geraden, es sei denn, es gibt keine andere Möglichkeit, als sie in den Kurven zu überholen. Bleiben Sie solange wie möglich auf der Innenbahn; je weiter Sie sich von der Innenbahn nach außen entfernen, desto länger wird für Sie das Rennen.

Versuchen Sie, das Tempo so gleichmäßig und ökonomisch wie möglich zu halten; Zwischenspurts und -antritte verringern die Wahrscheinlichkeit, dass Sie am Ende noch spurten können.

Gehen Sie in kein Rennen, ohne einen Plan in Ihrem Kopf zu haben. Ob das Rennen nach diesem Plan verläuft, hängt von vielen Faktoren ab, wenn Sie jedoch alle Möglichkeiten in Betracht ziehen, Logik einsetzen und Ihre eigene Taktik gut beurteilen, werden Sie sich von den taktischen Maßnahmen der anderen Läufer nicht überraschen lassen und können ziemlich oft den Ton angeben.

14 CROSSLAUFTRAINING

Crosslauftraining bringt für alle Sportler einen großen Nutzen, denn es verbessert die allgemeine Kondition. Da der Boden, auf dem Sie laufen, normalerweise uneben und wellig ist, werden die Muskeln und Sehnen unterschiedlichen Widerständen ausgesetzt, die auf ebenem Untergrund nicht vorhanden sind. Der Dehneffekt ist häufig größer, wodurch die Beweglichkeit und Kraft verbessert werden. Die Fersen und Ballen sinken z.B. auf weichem Untergrund tiefer ein, wodurch der Bewegungsumfang des Sprunggelenks zunimmt.

Dadurch verbessert sich die Beweglichkeit. Grundsätzlich gilt, dass die Entwicklung der Sprunggelenkkraft und -beweglichkeit beim Laufen eine wichtige Rolle spielt, und der Crosslauf ist eine der besten Methoden, um diese Entwicklung zu unterstützen.

Sportler, die mit steifen Oberkörpermuskeln laufen oder die eine übertriebene Beinantriebsaktion aufweisen, können durch Crosslauftraining und Crossrennen lernen, sich zu entspannen und ökonomischer zu bewegen. Wenn Sie ebenfalls zu diesen Sportlern gehören, sollten Sie auf matschigem, sandigem oder weichem Boden laufen, auf dem es schwierig ist, Boden zu fassen und sich abzudrücken. Sie werden schnell lernen, dass auf derartigem Boden ein kräftiger Abdruck Energie verbraucht und extrem ermüdend ist.

Sie werden auch lernen, dass die Lösung darin besteht, die Oberkörpermuskeln zu entspannen, die Arme tief und die Hüften vorne zu halten und eine ziehende statt eine antreibende Aktion zu entwickeln. Der Einsatz bei der Vorwärtsbewegung wird sich auf diese Weise auf ein Minimum reduzieren.

Läufer mit schlecht entwickelter Kondition neigen dazu, ihre Oberkörpermuskeln starr und ihre Arme hoch zu halten. Die Fehler werden umso schlimmer, je müder sie werden, wodurch das Laufen noch ineffizienter wird. Diese Läufer müssen lernen, sich zu entspannen und sich im Gelände ökonomisch zu bewegen.

Das hügelige Gelände eines Crosslaufkurses hat noch einen weiteren Wert. Hügel setzen dem Läufer einen Widerstand entgegen, wodurch ein zusätzlicher Reiz zur Verbesserung der Sprunggelenkbeweglichkeit gesetzt wird.

Bergauflaufen verbessert die Kraft und Beweglichkeit der Sprunggelenke, was zu einem natürlicheren Schritt mit starkem Antrieb führt. Je steiler die Berge, desto mehr müssen sich die Sprunggelenk- und Beinmuskeln beugen.

Schwer gebauten Läufern fällt das Bergauflaufen schwerer, weil sie mehr Energie benötigen, ihr Körpergewicht gegen die Schwerkraft anzuheben; aber selbst wenn sie zu Anfang gezwungen werden zu kämpfen, werden auch sie letztendlich ihre Schnelligkeit, Kraft und Ausdauer verbessern.

Das Begauflaufen zwingt Sie dazu, Ihre Knie höher anzuheben. Dies ist eine der wünschenswertesten Entwicklungen für Läufer, weil der Kniehub die Schrittlänge und die Schnelligkeit bestimmt. Ein hoher Kniehub trägt auch dazu bei, dass sich die roten und weißen Muskelfasern entwickeln, wodurch sich ebenfalls die Kraft verbessert.

Leichtgewichtige Läufer schlagen schwergewichtige Läufer normalerweise sowohl im Crosslauf als auch im Hindernislauf auf der Bahn. Dies sollte die schwereren Läufer jedoch nicht entmutigen, weil auch sie von derartigen Belastungen profitieren. Ich habe immer wieder festgestellt, dass Läufer, die den Crosslauf nicht mögen, diejenigen sind, die am meisten von dieser Disziplin profitieren würden, andererseits jedoch die größten Schwierigkeiten damit haben. Die Ursache liegt meistens in einer schlechten und unökonomischen Technik und diese Läufer müssen beharrlich arbeiten, um ihre Schwächen zu beseitigen. Auf lange Sicht gesehen zahlt sich dies jedoch aus.

Das Training im Gelände, auf Waldwegen, Golfplätzen und in Parks hat auch einen großen psychologischen Wert, da man in einem derartigen Gelände dazu neigt, ohne Druck zu laufen und in Abhängigkeit vom Gelände, den Bedingungen und den persönlichen Reaktionen das Tempo erhöht oder verlangsamt – selbst eine Reduzierung des Tempos, um eine besonders schöne Aussicht zu genießen, bereitet keine Gewissensbisse.

Da ein genaues Timing bei diesen Läufen unmöglich ist, neigt man dazu, in einem Tempo zu laufen, das eine angenehme Müdigkeit hervorruft, statt eine Erschöpfung zu bewirken. Das Tempo liegt oft im Bereich des besten individuellen aeroben Tempos, man erreicht es jedoch mit einer lockeren Einstellung. Anaerobe Belastungen im Gelände treten nur beim Fahrtspiel auf und diese Trainingsform Fahrtspiel wird nur eingesetzt, wenn der Läufer bereits einen höheren Fitnessgrad erreicht hat.

Crossrennen führen nicht zu den nervösen Spannungen und zu dem gleichmäßig hohen Tempo, das typisch für Bahn- und Straßenrennen ist, die Überlastung betrifft daher vor allem das muskuläre System, wodurch sich die Belastung für das Herzkreislaufsystem reduziert. Dadurch verringert sich die Sauerstoffschuld und es kommt nur zu einer mäßigen Ermüdung und keinesfalls zu einer übermäßigen Erschöpfung.

Aber auch wenn Sie in Crossrennen zeitweise ruhiger laufen können, weil gerade im Moment keine Zuschauer an der Strecke stehen, die Zeugen Ihres Tuns sind, erzieht der Crosslauf zur Disziplin. Sie kontrollieren unbewusst Ihr Bemühen, ökonomischer zu laufen und das kann für Ihre allgemeine Entwicklung nur gut sein.

Der Crosslauf macht Ihnen auch klar, dass es wichtig ist, regelmäßig Funktionsgymnastik, Beweglichkeits- und Dehnübungen durchzuführen. Diese Aktivitäten bewirken, dass Ihnen das Überqueren von Zäunen, Hürden und anderen Hindernissen leichter fällt. Wenn Sie diese Hindernisse zum ersten Mal sehen, könnten Sie glauben, Sie würden nie darüber kommen. Mit Übung können Sie jedoch Ihre Technik so weit entwickeln, dass Sie die Hindernisse bequem bewältigen und sich sogar auf sie freuen.

Beim Sprung über hohe Hindernisse können Sie eine Hand oder beide Hände einsetzen, je nachdem, wie hoch das Hindernis ist oder wie der Boden vor dem Hindernis beschaffen ist. Es ist auch ratsam, das Unterkriechen von Drahtzäunen zu üben. Das ist vielleicht eine umständliche Methode, manchmal geht es jedoch so schneller, leichter und sicherer, als über den Zaun zu klettern. Freie Sprünge, Sprünge mit Unterstützung durch die Hände, die Hürdentechnik sowie das Rollen unter Zäunen sind also alles notwendige Fertigkeiten, die ein ernsthafter Crossläufer erlernen sollte.

Mit hohen Knien und entspanntem Armeinsatz läuft MAGEE auf die Kamera zu.

15 TRAININGSTERMINI

Eine Anzahl von Termini wurden in diesem Buch bereits verwendet und noch mehr werden in den Plänen vorkommen. Aus diesem Grund sollen sie im Folgenden deutlicher erklärt werden.

Aerobes Training bedeutet, innerhalb der Grenzen der eigenen Sauerstoffaufnahmefähigkeit zu laufen. Diese Fähigkeit variiert von Person zu Person, jeder kann seine Sauerstoffaufnahmefähigkeit jedoch durch Training verbessern. Die obere Grenze dieser Form des Sauerstoffverbrauchs ist das so genannte maximale Steady State oder die aerobe Schwelle.

Anaerobes Training bedeutet, dass Sie ohne ausreichenden Sauerstoff trainieren. Sie haben das Steady State überschritten. Dies ist aufgrund chemischer Veränderungen in Ihrem Körper möglich. Es handelt sich um eine unökonomische Weise des Trainierens, weil sich auf diese Weise eine erhebliche Sauerstoffschuld bilden kann, die schnell auch zu Abfallprodukten führt, wie z.B. Milchsäure. Das Resultat ist letztendlich ein neuromuskulärer Zusammenbruch. Die ermüdeten Muskeln verweigern einfach ihre Funktion. Durch geeignetes Training können Sie Ihre aerobe Kapazität so weit entwickeln, dass Sie imstande sind, beim anaeroben Training, das ein notwendiger Bestandteil Ihres gesamten Trainings ist, eine Sauerstoffschuld von etwa 15-20 Litern zu bewältigen.

Muskuläres Konditionstraining und Kraft versetzen Sie in die Lage, einen einzelnen explosiven Krafteinsatz gegen einen Widerstand zu entfalten. Dies ist ein entscheidender Faktor bei Kontaktsportarten, an denen viele Mastersportler noch mit großem Ehrgeiz und Wettkampfeifer teilnehmen. Dieses Konditionstraining enthält auch Gewichttraining, das Sie jedoch stets unter Aufsicht absolvieren sollten. Des Weiteren müssen Sie darauf achten, dass Sie dieses Training regelmäßig durchführen und Sie müssen sicherstellen, dass einander gegenüberliegende Muskelgruppen ausgewogen belastet werden.

Es hat sich herausgestellt, dass ein maximaler Trainingseffekt erreicht wird, wenn Sie bei willkürlichen isometrischen Muskelkontraktionen nur 40-50% Ihrer Maximalkraft einsetzen. Wenn Sie weniger als 20% Ihrer Maximalkraft einsetzen, wird sich Ihre Kraft allmählich verringern.

Wenn Sie Ihre Kraft steigern wollen, dürfen Sie nicht bis zu dem Punkt der völligen muskulären Ermüdung trainieren. Eine maximale isometrische Kontraktion von einer Sekunde bis zu zwei Sekunden Dauer stellt einen ausreichenden Trainingsreiz dar. Wenn die Kontraktion jedoch mit nur zwei Dritteln Ihrer Maximalkraft erfolgt, sollte die Kontraktionsdauer vier bis sechs Sekunden betragen. Sehr kurze Kontraktionen haben keine Wirkung.

Einmal am Tag ist genug. Die Muskeln werden auf einen weiteren Reiz am selben Tag nicht mehr reagieren. Es scheint, als ob ein Reiz an jedem zweiten Tag die Kraft um etwa 80% verbessert, ein zweimal wöchentlich gesetzter Reiz die Kraft um 60% steigert und ein einmal pro Woche gesetzter Reiz zu einer Kraftsteigerung um 40% führt. Ein Trainingsreiz, der nur alle 14 Tage gesetzt wird, führt zu überhaupt keinen Veränderungen der Muskelkraft.

Die Muskeln, die unter allen belasteten Muskeln den geringsten Kraftzuwachs zeigen, sind die Muskeln, die bei Alltagsaktivitäten am meisten belastet werden. Eine atrophierte Muskelgruppe reagiert auf einen Trainingsreiz mit einer Steigerungsrate, die um das Fünf- bis Sechsfache höher ist als die Kraftsteigerungsrate, die ein normaler, untrainierter Muskel zeigt, der demselben Reiz ausgesetzt ist.

Die **Muskelausdauer** ist die Fähigkeit, die die Muskeln in die Lage versetzt, sich trotz Ermüdung weiterhin zu kontrahieren, oder die über die Fähigkeit verfügen, ihre Arbeit fortzusetzen und die Ermüdung hinauszuschieben oder zu tolerieren. Dies ist der wichtige Faktor beim Lauftraining.

Bei der **Entwicklung der Schnelligkeit** müssen Sie besonders auf drei Punkte achten: Sie müssen Ihren Kniehub verbessern, Sie müssen Ihre Sprunggelenkbeweglichkeit und -kraft steigern und Sie müssen lernen, ‚groß' zu laufen, indem Sie sich aufrichten.

Die **Sprintschnelligkeit** wird am ehesten durch eine verbesserte Lauftechnik gesteigert. Dazu gehört eine perfekte Koordination. Dies ist wiederum bei Mannschaftssportarten ein wichtiger Faktor. Beim Kricket z.B. kommt es auf einen schnellen Start an, wenn es darum geht, den Ball zu fangen oder zu schlagen. Dies bedeutet, dass man die Sprinttechnik versteht und gleichzeitig ein Konditionstraining absolviert, um die Technik auch umzusetzen.

Eine typische Sprinttrainingseinheit sieht folgendermaßen aus: Aufwärmen durch einen lockeren Lauf von sieben Minuten Dauer, dann zwei oder drei Läufe mit langem Schritt über 60 Meter (insgesamt etwa acht Minuten Dauer), dann Beweglichkeits- und Dehnübungen, bis man sich locker fühlt. Hieran anschließend sollten Sie zweimal die folgenden Laufübungen über jeweils 100 Meter absolvieren, wobei die Pausen zwischen den einzelnen Läufen drei Minuten betragen:

Halten Sie Ihren Oberkörper so entspannt wie möglich, bewegen Sie Ihre Beine so schnell, wie Sie können, wobei Sie auf einen hohen Kniehub achten. Halten Sie sich die ganze Zeit über auf Ihren Fußballen und achten Sie darauf, dass das hintere Bein gestreckt ist. Die Vorwärtsbewegung sollte langsam sein.

Laufen Sie jetzt mit einer Sprunglaufbewegung und hohen Knien, wobei Sie sich auf einen betonten Sprunggelenkeinsatz konzentrieren. Drücken Sie sich bei jedem Schritt impulsiv ab. Diese Übung absolvieren Sie am besten an einer Steigung.

Laufen Sie ,groß', indem Sie sich hoch auf Ihren Ballen aufrichten und Ihren Körper während des Laufens nach oben strecken.

Versuchen Sie, alle diese Handlungen beim schnellen Laufen zu kombinieren und laufen Sie sich danach 15 Minuten locker aus.

Zeitkontrollläufe dienen der Entwicklung der Laufkoordination und sind nicht dazu bestimmt, Rekorde aufzustellen. Laufen Sie sie also nicht mit vollem Einsatz und versuchen Sie, ein gleichmäßiges Tempo beizubehalten. Verzichten Sie auf einen Endspurt.

Der Marathontrainingsplan beinhaltet einen Zeitkontrolllauf über 35 Kilometer vier Wochen vor dem Marathonrennen, an dem Sie teilnehmen wollen. Auch dieser Zeitkontrolllauf dient der Verbesserung der Koordination, der Schulung des Zeitgefühls und der Feststellung eventuell noch bestehender Schwachpunkte. Es ist wichtig, dass Sie in dem Tempo laufen, in dem Sie das eigentliche Marathonrennen bestreiten wollen.

Dieser Zeitkontrolllauf hat jedoch noch einen wichtigen zusätzlichen Nutzeffekt: er verbessert Ihre Kondition. Wenn Sie den Lauf vernünftig gestalten, werden Sie etwa zehn Tage später einen Sprung vorwärts in Ihrer Entwicklung machen, der Sie überraschen wird.

Die Bergauflaufübungen aus einem anderen Blickwinkel: Sie sehen den hohen

Kniehub, den Abdruck vom hinteren Bein und die geradlinige Armbewegung.

16 TRAININGSPLÄNE

Denken Sie daran, dass es sich bei den folgenden Plänen lediglich um Richtlinien zur Erreichung maximaler Leistungen handelt. Wie bereits früher erörtert, sollten Sie auf Ihren Körper hören, weil Sie nicht immer in der Stimmung sind, genau das zu tun, was der Trainingsplan für einen bestimmten Tag vorschreibt.

Mittelstrecken

Sechs bis zwölf Wochen lang

Montag:	15 Minuten bis eine Stunde langer aerober Dauerlauf
Dienstag:	Eine Stunde bis 1,5 Stunden langer aerober Dauerlauf
Mittwoch:	0,75 bis eine Stunde leichtes Fahrtspiel
Donnerstag:	Eine Stunde bis 1,5 Stunden langer aerober Dauerlauf
Freitag:	0,5 bis eine Stunde langer aerober Dauerlauf
Samstag:	Eine Stunde langer aerober Dauerlauf
Sonntag:	Eine bis zwei Stunden langer aerober Dauerlauf

Vier Wochen lang

Montag:	Zeitkontrolllauf über 3 km
Dienstag:	0,5 bis eine Stunde Hügelsprünge und -sprungläufe; Steilhang-/Treppenläufe
Mittwoch:	Acht bis zehn entspannte Läufe mit langem Schritt über jeweils 200 m
Donnerstag:	0,5 bis eine Stunde Hügelsprünge und -sprungläufe; Steilhang-/Treppenläufe
Freitag:	0,5 Stunde Jogging
Samstag:	0,5 bis eine Stunde Hügelsprünge und -sprungläufe; Steilhang-/Treppenläufe
Sonntag:	Eine bis zwei Stunden Jogging

Zwei Wochen lang

Montag:	Drei bis sechs Wiederholungsläufe über 800 m
Dienstag:	0,5-0,75 Stunde Hügelsprünge und -sprungläufe
Mittwoch:	Zeitkontrolllauf über 3 km
Donnerstag:	Sprinttraining
Freitag:	0,5 Stunde Jogging
Samstag:	Acht bis zehn Wiederholungsläufe über 200 m
Sonntag:	Eine bis zwei Stunden Jogging

Zwei Wochen lang

Montag:	Drei bis fünf Wiederholungsläufe über 1.000 m
Dienstag:	0,5-0,75 Stunde leichtes Fahrtspiel
Mittwoch:	Zeitkontrolllauf über 3 km
Donnerstag:	Acht bis zehn schnelle, entspannte Läufe über 100 m
Freitag:	0,5 Stunde Jogging
Samstag:	Acht bis zehn Wiederholungsläufe über 200 m
Sonntag:	Eine bis zwei Stunden Jogging

800 und 1.500 Meter

Je eine Woche lang

Montag:	Alle 200 m insgesamt sechs bis zehn Windsprints über jeweils 100 m
Dienstag:	0,75 bis eine Stunde lockeres Fahrtspiel
Mittwoch:	Zeitkontrollläufe über 200 und 600 m
Donnerstag:	Zehn schnelle, entspannte Läufe über jeweils 100 m
Freitag:	0,5 Stunde Jogging
Samstag:	Zeitkontrolllauf über 1.500 m
Sonntag:	1,5 Stunden Jogging

Montag:	Alle 200 m insgesamt sechs bis zehn Windsprints über jeweils 100 m
Dienstag:	0,75 bis eine Stunde lockeres Fahrtspiel
Mittwoch:	Zeitkontrollläufe über 200 und 1.000 m
Donnerstag:	Zehn schnelle, entspannte Läufe über jeweils 100 m
Freitag:	0,5 Stunde Jogging
Samstag:	Zeitkontrolllauf über 1.500 m
Sonntag:	1,5 Stunden Jogging

Montag:	Alle 200 m insgesamt sechs bis zehn Windsprints über jeweils 100 m
Dienstag:	0,75 Stunde lockeres Fahrtspiel
Mittwoch:	Zeitkontrollläufe über 200 und 600 m
Donnerstag:	Zehn schnelle, entspannte Läufe über jeweils 100 m
Freitag:	0,5 Stunde Jogging
Samstag:	Zeitkontrolllauf über 600 m
Sonntag:	1,5 Stunden Jogging

Montag:	Alle 200 m insgesamt acht bis zehn Windsprints über jeweils 100 m
Dienstag:	0,75 Stunde lockeres Fahrtspiel
Mittwoch:	Zeitkontrollläufe über 200 und 1.000 m
Donnerstag:	Zehn schnelle, entspannte Läufe über jeweils 100 m
Freitag:	0,5 Stunde Jogging
Samstag:	Zeitkontrolllauf über 1.500 m
Sonntag:	Eine Stunde Jogging

Montag:	Alle 100 m insgesamt 16 Windsprints über jeweils 45 m
Dienstag:	0,5 Stunde lockeres Fahrtspiel
Mittwoch:	Zeitkontrollläufe über 200 und 1.200 m
Donnerstag:	Sechs bis acht schnelle, entspannte Läufe über jeweils 100 m
Freitag:	0,5 Stunde Jogging
Samstag:	Zeitkontrolllauf über 600 m
Sonntag:	Eine Stunde Jogging

Montag:	Alle 100 m insgesamt zwölf Windsprints über jeweils 45 m
Dienstag:	0,5 Stunde lockeres Fahrtspiel
Mittwoch:	Zeitkontrolllauf über 400 m
Donnerstag:	Sechs schnelle, entspannte Läufe über jeweils 100 m
Freitag:	0,5 Stunde Jogging
Samstag:	RENNEN über 800 oder 1.500 m
Sonntag:	Eine Stunde Jogging

5 Kilometer oder 10 Kilometer

Die letzten sechs Wochen (jeweils eine Woche lang)

Montag:	Alle 200 m insgesamt acht bis zehn Windsprints über jeweils 100 m
Dienstag:	0,75 bis eine Stunde lockeres Fahrtspiel
Mittwoch:	Zeitkontrollläufe über 200 und 1.000 m
Donnerstag:	Zehn schnelle, entspannte Läufe über jeweils 100 m
Freitag:	0,5 Stunde Jogging
Samstag:	Zeitkontrolllauf über 5 km
Sonntag:	Eine Stunde bis 1,5 Stunden Jogging

Montag:	Alle 200 m insgesamt fünf bis zehn Windsprints über jeweils 100 m
Dienstag:	0,75 bis eine Stunde lockeres Fahrtspiel
Mittwoch:	Zeitkontrollläufe über 200 und 800 m
Donnerstag:	Zwölf schnelle, entspannte Läufe über jeweils 100 m
Freitag:	0,5 Stunde Jogging
Samstag:	Zeitkontrolllauf über 10 km
Sonntag:	Eine Stunde bis 1,5 Stunden Jogging

Montag:	Alle 200 m insgesamt acht bis zehn Windsprints über jeweils 100 m
Dienstag:	0,75 bis eine Stunde lockeres Fahrtspiel
Mittwoch:	Zeitkontrollläufe über 200 und 1.000 m
Donnerstag:	Zehn schnelle, entspannte Läufe über jeweils 100 m
Freitag:	0,5 Stunde Jogging
Samstag:	Zeitkontrolllauf über 5 km
Sonntag:	Eine Stunde bis 1,5 Stunden Jogging

Montag:	Alle 200 m insgesamt acht bis zehn Windsprints über jeweils 100 m
Dienstag:	0,75 bis eine Stunde lockeres Fahrtspiel
Mittwoch:	Zeitkontrollläufe über 200 und 3.000 m
Donnerstag:	Zwölf schnelle, entspannte Läufe über jeweils 100 m
Freitag:	0,5 Stunde Jogging
Samstag:	Zeitkontrolllauf über 10 km
Sonntag:	Eine Stunde Jogging

Montag:	Alle 100 m insgesamt 16 Windsprints über jeweils 45 m
Dienstag:	0,5 Stunde lockeres Fahrtspiel
Mittwoch:	Zeitkontrollläufe über 200 und 3.000 m
Donnerstag:	Sechs schnelle, entspannte Läufe über jeweils 100 m
Freitag:	0,5 Stunde Jogging
Samstag:	Zeitkontrolllauf über 5 km
Sonntag:	Eine Stunde Jogging

Montag:	Alle 100 m insgesamt zwölf Windsprints über jeweils 45 m
Dienstag:	0,5 Stunde lockeres Fahrtspiel
Mittwoch:	Zeitkontrolllauf über 1.600 m
Donnerstag:	0,5 Stunde Jogging
Freitag:	0,5 Stunde Jogging
Samstag:	RENNEN
Sonntag:	Eine Stunde Jogging

Fortsetzung der Rennen

Montag:	Eine Stunde Jogging
Dienstag:	Alle 100 m sechs bis acht zwölf Windsprints über jeweils 45 m
Mittwoch:	Zeitkontrollläufe über 200 und 600 m
Donnerstag:	Acht bis zehn schnelle, entspannte Läufe über jeweils 100 m
Freitag:	0,5 Stunde Jogging
Samstag:	RENNEN
Sonntag:	Eine Stunde bis 1,5 Stunden Jogging

Marathon

Vier Wochen lang

Montag:	30-45 Minuten Jogging
Dienstag:	45-60 Minuten Jogging
Mittwoch:	30-45 Minuten Jogging
Donnerstag:	45-60 Minuten Jogging
Freitag:	30 Minuten Jogging
Samstag:	45 Minuten Jogging
Sonntag:	60 Minuten Jogging

Zwei Wochen lang

Montag:	30-45 Minuten langer aerober Dauerlauf
Dienstag:	60-75 Minuten Jogging
Mittwoch:	30-45 Minuten langer aerober Dauerlauf
Donnerstag:	60-75 Minuten Jogging
Freitag:	30 Minuten Jogging
Samstag:	30-45 Minuten langer aerober Dauerlauf
Sonntag:	60-90 Minuten Jogging

Vier Wochen lang

Montag:	30-45 Minuten leichtes Fahrtspiel
Dienstag:	45-75 Minuten langer aerober Dauerlauf
Mittwoch:	30-45 Minuten leichtes Fahrtspiel
Donnerstag:	45-75 Minuten langer aerober Dauerlauf
Freitag:	Vier bis sechs entspannte Läufe mit langem Schritt über 150 m
Samstag:	45-60 Minuten leichtes Fahrtspiel
Sonntag:	60-120 Minuten langer aerober Dauerlauf

Vier Wochen lang

Montag:	30-45 Minuten Hügelsprünge und -sprungläufe, Steilhang- oder Treppenläufe
Dienstag:	45-75 Minuten langer aerober Dauerlauf
Mittwoch:	30-45 Minuten leichtes Fahrtspiel
Donnerstag:	30-45 Minuten Hügelsprünge und -sprungläufe, Steilhang- oder Treppenläufe
Freitag:	Vier bis sechs entspannte Läufe mit langem Schritt über 200 m
Samstag:	30 Minuten Hügelsprünge und -sprungläufe, Steilhang- oder Treppenläufe
Sonntag:	60-120 Minuten langer aerober Dauerlauf

Eine Woche lang

Montag:	Zwei bis vier Wiederholungsläufe über 800 m
Dienstag:	45-75 Minuten langer aerober Dauerlauf
Mittwoch:	Zeitkontrolllauf über 3.000 m
Donnerstag:	45-75 Minuten langer aerober Dauerlauf
Freitag:	Vier bis sechs entspannte Läufe mit langem Schritt über 200 m
Samstag:	Zeitkontrolllauf über 5.000 m
Sonntag:	60-120 Minuten langer aerober Dauerlauf

Eine Woche lang

Montag:	Zwei bis drei Wiederholungsläufe über 1.000 m
Dienstag:	60-90 Minuten langer aerober Dauerlauf
Mittwoch:	Zeitkontrolllauf über 5.000 m
Donnerstag:	60-90 Minuten langer aerober Dauerlauf
Freitag:	Vier bis sechs entspannte Läufe mit langem Schritt über 200 m
Samstag:	Zeitkontrolllauf über 10.000 m
Sonntag:	90-120 Minuten langer aerober Dauerlauf

Eine Woche lang

Montag:	Zwei bis drei Wiederholungsläufe über 1.500 m
Dienstag:	60-90 Minuten langer aerober Dauerlauf
Mittwoch:	Zeitkontrolllauf über 5.000 m
Donnerstag:	60-90 Minuten langer aerober Dauerlauf
Freitag:	Vier bis sechs entspannte Läufe mit langem Schritt über 200 m
Samstag:	Zeitkontrolllauf über 5.000 m
Sonntag:	90-120 Minuten langer aerober Dauerlauf

Eine Woche lang

Montag:	Drei bis fünf Wiederholungsläufe über 800 m
Dienstag:	60-90 Minuten langer aerober Dauerlauf
Mittwoch:	Zeitkontrolllauf über 3.000 m
Donnerstag:	45 Minuten leichtes Fahrtspiel
Freitag:	Vier bis sechs entspannte Läufe mit langem Schritt über 200 m
Samstag:	Zeitkontrolllauf über 10.000 m
Sonntag:	90-120 Minuten langer aerober Dauerlauf

Eine Woche lang

Montag:	Alle 200 m insgesamt sechs bis acht Windsprints über jeweils 100 m
Dienstag:	60-90 Minuten langer aerober Dauerlauf
Mittwoch:	Zeitkontrolllauf über 5.000 m
Donnerstag:	60-90 Minuten Jogging
Freitag:	Sechs Kniehebeläufe über 100 m
Samstag:	Zeitkontrolllauf über 3.000 m
Sonntag:	60-90 Minuten Jogging

Eine Woche lang

Montag:	Alle 200 m insgesamt sechs Windsprints über jeweils 100 m
Dienstag:	60 Minuten Jogging
Mittwoch:	Zeitkontrolllauf über 2.000 m
Donnerstag:	45 Minuten Jogging
Freitag:	30 Minuten Jogging
Samstag:	Zeitkontrolllauf über 35 km – schnell!
Sonntag:	30-45 Minuten Jogging

Eine Woche lang

Montag:	45-60 Minuten Jogging
Dienstag:	45-60 Minuten Jogging
Mittwoch:	Sechs entspannte Läufe mit langem Schritt über 200 m
Donnerstag:	30 Minuten leichtes Fahrtspiel
Freitag:	30 Minuten Jogging
Samstag:	Zeitkontrolllauf über 3.000 m
Sonntag:	120 Minuten Jogging

Eine Woche lang

Montag:	Alle 200 m sechs bis acht Windsprints über jeweils 100 m
Dienstag:	60-90 Minuten Jogging
Mittwoch:	Zeitkontrolllauf über 3.000 m
Donnerstag:	60-90 Minuten Jogging
Freitag:	30 Minuten Jogging
Samstag:	Zeitkontrolllauf über 10.000 m
Sonntag:	90-120 Minuten Jogging

Eine Woche lang

Montag:	Alle 200 m sechs bis acht Windsprints über jeweils 100 m
Dienstag:	60-90 Minuten Jogging
Mittwoch:	Zeitkontrolllauf über 5.000 m
Donnerstag:	30-45 Minuten leichtes Fahrtspiel
Freitag:	30 Minuten Jogging
Samstag:	Zeitkontrolllauf über 3.000 m
Sonntag:	45-60 Minuten Jogging

Eine Woche lang

Montag:	Sechs schnelle, enspannte Läufe über 100 m
Dienstag:	Zeitkontrolllauf über 2.000 m
Mittwoch:	45 Minuten Jogging
Donnerstag:	30 Minuten Jogging
Freitag:	30 Minuten Jogging
Samstag:	MARATHONRENNEN
Sonntag:	Mindestens eine Woche lang leichtes Jogging

Der folgende Plan ist für Läufer gedacht, die, nach ihrem ersten Wettkampfhöhepunkt, weiterhin Rennen bestreiten möchten. Der Plan hat sich für alle Distanzen bewährt, einschließlich des Crosslaufs, einer Disziplin, in der auch immer mehr Masterläufer zu finden sind. Der Plan ist ideal geeignet, um sich als Volksläufer fit zu halten, sodass man während der gesamten Volkslaufsaison Wettkämpfe bestreiten kann.

Nichtwettkampfwoche

Montag:	Drei Wiederholungsläufe über 1.500 m oder sechs Wiederholungsläufe über 800 m
Dienstag:	60-90 Minuten aerober Dauerlauf
Mittwoch:	Zeitkontrolllauf über 2.000 oder 3.000 m
Donnerstag:	60-90 Minuten aerober Dauerlauf
Freitag:	Zehn entspannte Läufe mit langem Schritt über 100 m
Samstag:	Zeitkontrolllauf über 2.000 oder 3.000 m
Sonntag:	90 Minuten oder länger aerober Dauerlauf

Wettkampfwoche

Montag:	Alle 200 m sechs bis zehn Windsprints über jeweils 100 m
Dienstag:	45-60 Minuten leichtes Fahrtspiel
Mittwoch:	Zeitkontrolllauf über 1.600 oder 2.400 m
Donnerstag:	Sechs entspannte Läufe mit langem Schritt über 100 m
Freitag:	30 Minuten Jogging
Samstag:	RENNEN
Sonntag:	90 Minuten oder länger aerober Dauerlauf